和谐，让教育向美而生

——北京市通州区运河中学课程发展与实践

李卫东　著

光明日报出版社

图书在版编目（ＣＩＰ）数据

和谐，让教育向美而生：北京市通州区运河中学课程发展与实践 / 李卫东著. -- 北京：光明日报出版社，2024.3

ISBN 978-7-5194-7862-9

Ⅰ.①和… Ⅱ.①李… Ⅲ.①课程—教学研究—中学—通州区 Ⅳ.① G632.3

中国国家版本馆CIP数据核字(2024)第060532号

和谐，让教育向美而生：北京市通州区运河中学课程发展与实践
HEXIE,RANG JIAOYU XIANGMEI ERSHENG:BEIJINGSHI TONGZHOUQU YUNHE ZHONGXUE KECHENG FAZHAN YU SHIJIAN

著　者：李卫东			
责任编辑：周文岚		责任校对：鲍鹏飞	
封面设计：道长矣		责任印制：曹　净	

出版发行：光明日报出版社

地　　址：北京市西城区永安路106号，100050

电　　话：010-63169890（咨询），010-63131930（邮购）

传　　真：010-63131930

网　　址：http://book.gmw.cn

E - m a i l：gmrbcbs@gmw.cn

法律顾问：北京市兰台律师事务所龚柳方律师

印　　刷：天津和萱印刷有限公司

装　　订：天津和萱印刷有限公司

本书如有破损、缺页、装订错误，请与本社联系调换，电话：010-63131930

开　　本：170mm×240mm　　　印　　张：12

字　　数：210千字

版　　次：2024年3月第1版

印　　次：2024年3月第1次印刷

书　　号：ISBN 978-7-5194-7862-9

定　　价：60.00元

目　录

非遗文化进校园活动

急救知识进校园活动

中医药文化进校园活动

戏曲文化进校园活动

美育文化进校园活动

应急安全进校园活动

政协委员进校园活动

传统文化学习展示

创客社团实践活动

非白阁绘画实践活动

非遗文化社团实践活动

合唱团实践活动

汇学轩篆刻实践活动

活动评优（一）

活动评优（二）

机器人社团实践活动

模联社团实践活动

模拟政协社团实践活动

奇妙化学社团实践活动

生物社团实践活动

书法社团实践活动

无人机社团实践活动

阳光心理社团实践活动

造物坊社团实践活动

中医药文化社团实践活动

研学实践

春秋学社研学

春雨文学社研学

吴越文化研学

西安研学

十八半截胡同研学

运河古迹研学

传统工艺课程活动（一）

传统工艺课程活动（二）

传统工艺课程活动（三）

地理学科特色课程活动（一）

地理学科特色课程活动（二）

地理学科特色课程活动（三）

地理学科特色课程理论学习

黄玮禄班实践活动（一）

黄玮禄班实践活动（二）

美术学科特色课程活动（一）

美术学科特色课程活动（二）

美术学科特色课程活动（三）

编程活动（一）

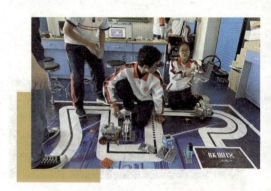

编程活动（二）

科技活动（一）

科技活动（二）

科普活动

走近自然

劳动活动（一）

劳动活动（二）

手工制作（一）

手工制作（二）

体育活动（一）

体育活动（二）

第一章　因"河"而"和"
——学校课程发展探索

一、学校的历史发展

1983年，邓小平同志提出"三个面向"，意味着社会对教育的需求增加，为了满足附近就学需要，1984年，运河中学前身通县新城东里中学应运而生，当时东里中学地处城乡接合部，办学条件简陋，规模很小，从此我校的先驱者，与我国改革开放发展历程同步，开启了筚路蓝缕的办学之路。

1991年，通县对基础教育的需求进一步增大，学校需要扩大办学规模，故第一次迁址至运河大街，学校东毗邻"大运河"，故学校更名为"运河中学"，运河中学"应运而生，因河而名"，从此全校师生内心都植入运河情结，学习与传承运河文化，成了所有师生的文化自觉与使命。用运河课程教化学生，用运河文化感染学生，用运河精神鼓舞学生。

迁址后，恰逢国家基础教育蓬勃发展，各种利好政策接踵而至，学校也迎来了第一次高速发展的黄金时期，在校领导的带领下，运河人以"办通县人民满意的学校"为己任，锐意进取，教学质量连年攀升，运河的品牌一年年擦亮。

2000年，时任校长张佳春提出"以人为本，和谐发展教育"办学思想，运河中学进入内涵式发展时期，更加注重学校理念、学校文化、教育科研、教师素质、人才培养、工作质量和水平等方面的建设，"内强素质，外树形象"，运河中学逐渐发展为通州区名校。

2003年，运河中学被北京市认定为第二批示范高中，在办学思想、教学理念、师资队伍、教学成绩等方面走在通州区前列，在通州区起到很好的辐射与示范作用。随着副中心建设的规划与推进，也为满足通州百姓对优质教育的迫切需求，2016年秋季，学校再一次迁址，并扩大办学规模，实现一校两址，初、高中分部办学。2019年，为解决梨园地区小升初问题，高中部开始兼办初中，故学校更名为运河中学西校区，西校区地处通州朝阳交界处，属于通州示范区基础教育的西大门，在促进城乡教育优质均衡发展中起到重要的平衡作用。2021年，运河中学东西两部分开，本校区为"运河中学"，运河大街校区为"运河中学东校区"。同年，北京市通州区教委在北京市基础教育支持集团化办学的背景下，不断优化区域内基础教育布局，整合区域优质教育资源，积极探索"小学—初中—高中"十二年集团化办学的教育体制创新机制，故由通州区运河中学、通州区运河中学东校区、通州区运河中学附属小学三所学校联手组建了运河教育集团。

按照通州区教育规划，2021年9月，学校与运河中学东校区、运河中学附属小学创建"运河教育集团"，运河中学作为运河教育集团的龙头学校，从此开启集团化办学时代。

二、学校定位与方向

纵观运河中学40年的办学历史，我校的运河文化和办学风格，是在时间的磨砺中自然积淀形成的，是我校办学历史的真实写照，我校为满足人民群众对优质教育的需求，在区域内长期起到示范引领作用，运河中学与我国改革开放发展历程同步，是一所具实验性、示范性的品牌学校。

运河中学，因河而名，合作共赢，和谐发展，是一所扛起使命担当、传承运河文化、办学特色鲜明的学校。"立足本土，满足需求，区域优质，持续发展"的学校定位，标志着我校是通州发展的耕耘者、同行者。是从籍籍无名到示范高中，再到副中心基础教育的重要拼图，运河中学在建设首都副中心、通州教育示范区中，在促进城乡教育优质均衡发展中，起到了标杆与平衡作用。

在几任校长领导下的运河人，勇于开拓创新，积极探索面向未来的办学之路，学校在办学过程中形成的"和谐教育"办学理念，锐意改革，成效显著。2024年，运河中学将迎来建校40周年。在新阶段新时期，运河中学也明确了新的目标——《运河中学十四五发展规划》，《规划》明确提出：要把初中打造成义务教育优质学校，把高中打造成副中心特色鲜明的区域名校。为实现这一阶段目标任务，全校师生将继续弘扬"艰苦奋斗，志存高远"的运河精神和"自强不息，追求卓越"的校风，以运河人不断超越自我的价值追求，以高质量高品质办学成果，服务北京城市副中心的建设和发展。

三、学校发展的现状

高中部有高中三个年级，每个年级预计10个教学班；初中部有初中三个年级，每个年级8个教学班。学校办学条件标准、师资配置均衡。学生2 100余人，教职工230余人，其中特级教师（正高级教师）4人，北京市骨干教师3人，通州区"运河计划"领军人才8人，区级骨干教师20人，区级骨干班主任6人，区级青年骨干教师3人，高级教师80余人，有硕士学位和研究生课程班毕业教师100余人，教师岗位合格率达100%。

为了解决梨园地区义务教育阶段优质均衡发展难题，我校于2019年开始在梨园地区招收初中生。主要采用就近划片入学，因学生层次不一，教育教学难度加大。全体干部教师针对学生的情况，采取了一系列行之有效的教育教学改革措施，通过师生共同参与的教与学的培训学习、探索研究、总结反思，逐步形成了初中特色教育教学成果，目前教师们针对学生差异大的现状，采取了小组合作学习，分层教学的方式。建立了不同的学习共同体，包括师师共同体、师生共同体、生生共同体、家校共同体等。在初中部成立的5年时间里，连续两年被评为中考优秀学校，学校以强大的教育增值力助力学生成长，办学成果得到社会各界的广泛赞誉和全区人民的普遍认可。

本校坚持"五育并举"，根据不同学段学生的成长规律和认知发展，构建横向协同、纵向衔接、分层递进的"和谐德育"课程体系。目前学校拥有多个艺术类、科技类、体育类社团，助力学生全面发展。

在艺术方面，社团活动的开展为学生的艺术实践提供了广阔的舞台。汇学轩美术社团成立于2011年，社团以"服务于校园文化建设和满足于学生个性化发展"为宗旨，推行"做中学"的活动方式，开展篆刻、书法、漫画和摄影等综合型美术实践活动，致力于实现学生对自我的不断超越、对中华优秀传统文化艺术的传承与交流。社团积极参与国家级、市区级美术比赛，取得了突出成绩。"成衣坊"成立于2011年，是运河中学的精品社团之一，社团成立之初就以运河文化为基石、运河民间手工艺为契入点，衣以载道、以梦为马，在学生心中植入文化自信。从设计、测量、打版、裁剪、缝纫、染色、刺绣等多个环节对学生进行认真培训，每个系列过程中的每道工序都极尽严谨，力求让学生体会到工艺制作的精致，培养学生自己动手制作的能力和自主创新的能力。2018年，与运河中学成衣坊、非白阁、水彩部落、创世纪等美术社团精诚协作，为运河中学赢得了"北京市学生金帆书画院——美术分院"的荣誉称号，并为学校特色教育、运河文化建设贡献了力量。

运河春雨文学社成立于2001年，主要进行征文写作活动、话剧表演活动、国学知识竞赛等活动，并立足运河文化传承，组织了多次游学活动。已开展的活动立足于"知识滋润心灵，文化涵养校园"的文学社宗旨，选取同学们"易于参与，乐于参与"的活动，滋润了学生们的心灵，丰富了同学们的语文学习体验，活跃了校园文化，最大限度地发挥了学生社团的作用。运河春雨文学社经过22年的积淀，形成了自己独特的活动内容和活动风格，激发了学生的活动热情，达到了学生社团应有的活动效果。

在体育方面，2021年、2023年"阳光体育年——通州区中小学田径运动会"上运河中学均获得高中组团体总分第一名；2021年通州区高中篮球联赛，运河中学男女篮均获得冠军；2023年运河中学男篮再获冠军。

在科技方面，2022年获北京市植物栽培大赛一等奖；2022年获北京市未来工程师创意花窗一等奖；获北京市航空模型竞赛橡筋动力扑翼机项目第一名；2023年世界机器人大赛"非攻"项目获全国一等奖和二等奖；"海魔"社团在2023年全国青少年航海模型竞赛总决赛中，获多项全国一、二、三等奖；"造物坊"社团在2023年全国青少年未来工程师全国总决赛中获得二等奖；学校科技社团在市区竞赛中荣获一、二等奖达30余项。

运河中学还创建了多个承载着运河文化的社团，让孩子们在课程文化和校园生活中领略运河精神，学习运河文化。同时还有模拟政协和法庭社团、阳光心理社团等各门类的社团，丰富了学生校园生活，促进了校园文化氛围，也为运河文化的传承和发展起到了推动作用。

在全体教师奋楫争先的努力下，在全体学生自强不息的奋斗下，学校先后被授予"全国百所德育科研名校""国家级节约型公共机构示范单位""全国校园篮球特色学校""全国校园足球特色学校""全国国防教育特色学校""北京市中小学心理健康教育实践研究特色校""首都文明单位标兵""北京市中小学党建示范点""北京市课程改革实验样本校""北京市基础教育校本课程建设优秀单位""北京市体育传统项目学校""北京市学校文化示范校""北京市综合素质评价先进单位""北京市节约型学校""北京市文明礼仪学校""北京市科技示范校""北京市中小学教师教育基地学校""北京市学生金帆书画院——美术分院""全国中小学中华优秀文化艺术传承学校——篆刻项目""民族非遗与课程融合创建工程示范基地"等60多项国家、市级荣誉称号。

第二章 和谐育人——学校课程体系构建

课程承载未来，课程成就个性，培养什么样的人就需要什么样的课程作为支撑和保证，在新课程改革及双减政策背景下，运河中学进一步完善课程体系，探索国家课程校本化，构建了三层五领域的"和谐课程"体系。运河中学充分挖掘校内外资源，优化课程供给，初中完成课后服务课程化设置，高中满足所有学生的个性化选科需求，一生一表，精准培养。

一、和谐课程体系设计

在核心价值观和育人目标统领下，学校对于课程进行整合的创造性执行，既要体现对精神的领悟、思想的统一和步调的一致，又要体现根据学校的教育背景、教育文化形态、教育特色和教师的教育能力，甚至根据不同的教育背景、不同的教育追求、不同教学风格的教师和不同智力水平、不同发展速度学生的实际情况，对国家课程、地方课程、校本课程进行符合学校实际的校本化执行。

图2-1 和谐课程体系的"YH"结构

（一）和谐课程结构意向呈现

和谐课程基座为一本展开的书，纵向为两本书的书脊，预示知识托起未来，知识成就人生，三本书组成"YH"图样，与学校校徽一致。

书脊上书写有学校育人目标：时代特色——运河中学结合副中心发展形式和我校办学实际，培养有理想、有本领、有担当的社会主义建设者与接班人。运河精神——学校因运河而名，传承运河文化，弘扬运河精神，是全校师生的使命与文化自觉，"运河"是地标，"运河精神"是民族精神的向度，也是社会主义核心价值观的具体体现。

在"和谐发展教育"理念引领下构建的"和谐课程体系"，致力于人的全面和谐发展，以"人"为中心，选择"整合与开放"的课程建设策略，建设纵向分为"基础、拓展、研究"、横向分为"人文与社会、科学与技术、艺术与审美、身心与健康、综合实践"三个层次五个领域的和谐课程。

（二）和谐课程功能解析

1.纵向三个层级

表2-1　三个层次课程的定位与内容

类别	目标定位	课程内容
基础课程	面向全体学生的基础发展。落实国家教育的基本任务，为所有学生打下"四有"的共同基础。	以国家课程的必修课程为主，也包含人生规划等少量校本课程。
拓展课程	面向群体学生的个性发展。在基础课程的基础上拓展学生的学科能力和素养，满足学生个性化发展需要。	在原有国家必修内容的基础上进行拓展，以满足学生的兴趣及个性特长的发展。如运河文化课程、社团课程、艺术鉴赏创新等。
研究课程	面向有潜质学生的专业发展。培养具有国际视野和创新精神的高素质拔尖创新人才。	为有潜质的学生设计而开发的主题类研究课程或较专业的技能学习课程。如大学先修课程、竞赛课程、职业发展课程等。

2.横向五个领域

表2-2 五个领域的目标与内容

领域	核心目标	基础课程	拓展课程	研究课程
人文与社会	培养学生的人文素养与人文精神，注重学科课程的工具性与人文性的协调统一，以学科课程的学习和多种实践活动为载体，培育学生的社会责任感，促进学校"四有"育人目标的达成。	语文、英语、历史、政治、地理、人生规划等。	中学生日常行为礼仪、春雨文学社、名著赏读、英文名著选读、青少年国际领导力拓展课程等。	大视野讲堂、模拟联合国、地缘知识、传统文化与修养等。
科学与技术	培养学生的科学素养与科学精神、独立思考能力、质疑能力和创新思维等，在学习知识、掌握方法以及实践探究活动中，形成认真、踏实严谨、实事求是的科学态度，形成良好的科学道德。	数学、物理、化学、生物、劳动技术、信息技术、通用技术等。	沿学科方向拓展的课程，如小初数学衔接类课程、数学与生活、化学小老师、食品健康与安全、知物之理、服装创新等。	可降解塑料探索、粒子物理学基础、单片机技术基础教程、机器人、航模基础课程等。
艺术与审美	培养学生的艺术素养和审美能力，引导学生正确的审美价值取向，学会用艺术的方法和手段来表达自己内心的情感，培养学生的观察力、鉴赏力、创新力，提升学生的艺术品质与情操。	艺术欣赏与评述、艺术综合与探索、美术设计与应用、美术造型与表现、歌唱、欣赏、鉴赏、乐理等。	英语歌声带你走进美妙新世界、话剧概论与欣赏、英语课本剧表演、身边的动画等内容	合唱团、动画社团、摄影团、金帆乐团、书画、国画、高水平艺术项目、设计等。
身心与健康	培养学生积极健康的生活态度和不怕困难、勇于拼搏的体育精神，引导学生了解自我、把握自我、强壮自我，勇敢地超越自我，形成比较稳定的心理品质和健康性格。	心理、生涯规划、体育课程、和谐德育课程等。	心理学与生活、人际交往、应急救护、排球基本技术及简单战术、花毽、足球等。	跆拳道社团、冰球社团、定向越野课、心理学等。
综合实践	培养学生学以致用的意识以及服务社会的能力，了解科学的意义与价值；形成积极的人生态度，培养对社会的责任心和使命感，养成对社会负责的积极态度。	合唱节展演、一二·九歌咏比赛、传统文化进校园系列课程、运河号子、课本剧展演、户外拓展、军训等。	运河研学旅行课程、行走运河课程、运河访古课程等。	运河耕读园综合劳动实践、科技农业园、科技园综合实践活动等。

（三）和谐课程的设置

表2-3　运河中学2022—2023学年度课程设置表（义务教育）

科目		周学时			学时总计
		七年级	八年级	九年级	
道德与法治		2	3	2	241
语文		5	5	5	515
书法					
数学		5	5	5	515
外语		4	4	4	412
历史		2	1	2	171
地理		2	2		140
科学	科学				
	物理		2	3	169
	化学			3	99
	生物学	2	2		140
信息科技		1	1	0	70
体育与健康		3	3	3	309
艺术	音乐	1	1	1	103
	美术	1	1	1	103
劳动		1	1	1	103
综合实践活动		1	1	1	103
地方课程		1	1	1	103
校本课程、班团队会等		2	1	2	171
周学时总量		34	34	34	3 502
备注		没有体育与健康课当天，利用课后服务时间安排1学时的体育与健康课。			
课后服务：每天保证2小时，学生自主选择服务内容，以学业辅导为主。					

表2-4 运河中学2022—2023学年度课程设置表（普通高中）

科目	内容	第一学年		第一学年		第二学年		第二学年		第三学年		第三学年
		上学期		下学期		上学期		下学期		上学期		下学期
		学段1	学段2	学段3	学段4	学段1	学段2	学段3	学段4	学段1	学段2	学段3/4
语文	类型	必修	必修	必修	必修	选修Ⅰ	选修Ⅰ	选修Ⅰ	选修Ⅰ	选修Ⅱ	选修Ⅱ	必修+选修
	学分	2	2	2	2	2	2	2	2	2	2	8+6
	学时	36	36	36	36	36	36	36	36	36	36	
	课时	4	4	4	4	4	4	4	4	4	4	
英语	类型	必修	必修	必修	必修	选修Ⅰ	选修Ⅰ	选修Ⅰ	选修Ⅰ	选修Ⅱ	选修Ⅱ	6+8
	学分	2	2	2	2	2	2	2	2	2	2	
	学时	36	36	36	36	36	36	36	36	36	36	
	课时	4	4	4	4	4	4	4	4	4	4	
数学	类型	必修	必修	必修	必修	选修Ⅰ	选修Ⅰ	选修Ⅰ	选修Ⅰ	选修Ⅱ	选修Ⅱ	8+6
	学分	2	2	2	2	2	2	2	2	2	2	
	学时	36	36	36	36	36	36	36	36	36	36	
	课时	4	4	4	4	4	4	4	4	4	4	
思想政治	类型	必修		必修		必修	必修	选修Ⅰ	选修Ⅰ	选修Ⅱ	选修Ⅱ	
	学分	2		2		2	2	2	2	2	2	
	学时	36		36		36	36	36	36	36	36	
	课时	2		2		4	4	4	4	4	4	
历史	类型	必修		必修		选修Ⅰ	选修Ⅰ	选修Ⅰ	选修Ⅱ	选修Ⅱ		
	学分	2		2		2	2	2	2	2		
	学时	36		36		36	36	36	36	36		
	课时	2		2		4	4	4	4	4		
地理	类型	必修		必修		选修Ⅰ	选修Ⅰ	选修Ⅱ	选修Ⅱ	选修Ⅱ		
	学分	2		2		2	2	2	2	2		
	学时	36		36		36	36	36	36	36		
	课时	2		2		4	4	4	4	4		
物理	类型	必修		必修		必修		选修Ⅰ	选修Ⅱ	选修Ⅱ	选修Ⅱ	
	学分	2		2		2		2	2	2	2	
	学时	36		36		36		36	36	36	36	
	课时	2		2		2		4	4	4	4	
化学	类型	必修		必修		选修Ⅰ	选修Ⅰ	选修Ⅰ	选修Ⅱ	选修Ⅱ		
	学分	2		2		2	2	2	2	2		
	学时	36		36		36	36	36	36	36		
	课时	2		2		4	4	4	4	4		

科目	内容	第一学年				第二学年				第三学年		
		上学期		下学期		上学期		下学期		上学期		下学期
		学段1	学段2	学段3	学段4	学段1	学段2	学段3	学段4	学段1	学段2	学段3/4
生物	类型	必修		必修		选修Ⅰ	选修Ⅰ	选修Ⅰ	选修Ⅱ	选修Ⅱ		
	学分	2		2		2	2	2	2	2		
	学时	36		36		36	36	36	36	36		
	课时	2		2		4	4	4	4	4		
技术		必修35模块/6学分+选修Ⅰ0-9个模块/18学分+选修Ⅱ-2个模块/4学分										
艺术		必修5模块/6学分+选修Ⅰ0-6个模块/18学分+选修Ⅱ-2个模块/4学分										
体育		必修12模块/12学分+选修Ⅰ0-18个模块/18学分+选修Ⅱ-2个模块/4学分										
研究性学习		6学分（完成2个课题的研究或项目设计，以开展跨学科研究为主）										
社会实践		6学分（包括党团活动1学分，军训2学分，社会考察2学分，职业体验1学分）										
志愿服务												
备注		高一生涯规划										

二、和谐课程内容

（一）学科类课程（群）

国家课程是奠定学生成长基础、打下成长底色的课程，学校在整体构建课程的基础上，分学科开展了学科课程（群）建设，形成运河中学特色课程体系的支柱。各学科从社会需要、学科需要、学生发展三个维度，站在体现学科核心素养，落实学校育人目标的高度上，进行学科课程的顶层设计，明确不同层次的校本要求和实施策略以及相应的评价方式。经过多年研究和实践，结合学校的育人理念、培养目标，通过对国家课程内容、结构的整合，在尊重学生差异的基础上，通过精选必要的学习内容，通过对学习资源的补充完善，通过对学习情境的再次创生，通过融入以学生发展为本，系统构建了各学科课程（群）。

以高中地理学科为例，在学校整体和谐课程体系基础上，地理学科研发并构建基础类课程、拓展类课程、研究类课程三个课程体系。见下图所示。

课程负责人：李静。授课教师：李静、潘晓卉、李云鹏、王锰、王娟、朱琪、毛明亮、曹红军、李欣雅、马珍丽、崔尽辉、李广云、王艾迪、刘子麒。

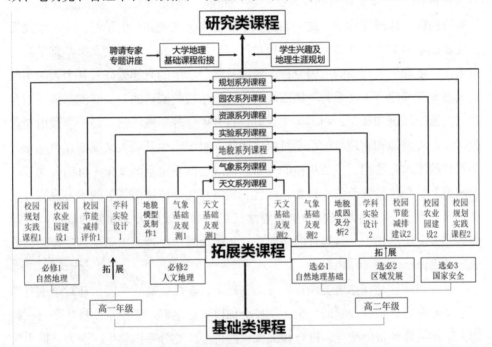

图2-2　运河中学高中地理学科课程群

基础类课程是根本，面向全体学生，以国家课程必修1、2，选择性必修1、2、3为主，突出纵向学段间和横向学科间的贯通。

拓展类课程是延伸补充，重视主题化设计，贯通式培养，满足部分学生个性化发展需要。拓展类课程，包括天文课程、气象课程、地貌课程、资源课程、园农课程、规划课程、实验课程等7个课程模块。

例如，"地貌系列课程"，是高一学段和高二学段"地貌"国家基础类课程的地理实践拓展课程。高一学段地理必修1的课标要求是"通过野外观察或运用视频、图像，识别3~4种地貌，描述其景观的主要特点"，侧重地貌特征观测。高二学段选择性必修1的课标要求是"结合实例，解释内力和外力对地表形态变化的影响"，侧重地貌成因探究。因为地貌空间尺度大，且地貌形成时间长，通州处于平原区，组织学生野外观测较困难，所以开展课外地理实践活动，动手制作地貌立体模型，开展相关的地貌系列课程学习——地貌的识别、主要地貌的特征研究、已有地貌模型的评价、设计制作地貌模型方案、地貌模型制作选材、地貌模型制作记录、利用地貌模型设计实验活动、利用地貌模型演示"溯源侵蚀""侧蚀"实验等课程。

再例如，"天文系列课程"，是高一和高二学段"天文"基础类课程的课外实践拓展。地理课标中，高一和高二学段都有天文类知识的学习，高一学段天文类基础学习突出天文环境和天文现象的观察描述，高二学段天文类基础学习突出天文环境和天文现象的成因分析。所以从部分学生的兴趣爱好及其个人的生涯发展出发，构建"天文系列"拓展课程，建设学校校园内的天文观测基地，结合课堂内所学知识和技能，利用天文观测设备开展地理实践活动。高一学段由专业教师（地理教师和物理教师跨学科组建团队）组织学生开展天文观测课程——天文器材的了解和使用、主要星座的分布和构成、四季星空的变化（可结合大学基础知识）、每年特殊天象（日食、月食、超级月亮、流星雨等）的学习观测等；高二学段利用学生自制日晷和圭表等学具组织学生开展天文现象的成因探究课程——天文历法知识、日晷计时法原理、圭表计时法原理、太阳视运动规律、地球运动规律等。

研究类课程是在拓展类课程学习的基础上，在高二高三学段，针对个别有地理地质专业发展生涯规划的学生，学校会加以重点培养，学校帮助搭建平台，聘请大学相关导师帮助辅导，进行相关课程的讲座，充分发掘学生的潜力，助力学生成为热爱地理科学的人才。

2022年11月，学校自主研发的《河流地貌模型的创新制作与应用》课程，被认定为"北京市普通高中特色课程"。

（二）和谐德育课程

学校德育的核心是学科德育，我校一贯注重将德育寓于课程中，全学科人，课程全面育人，寓价值观引导于知识传授中，坚持价值性与知识性相统一。

为进一步促进学校德育的序列化、系统化，在艺术审美与身心健康领域构

和谐，让教育向美而生

建和谐德育课程，并融入和谐课程体系中。学校从价值观、教育、生涯规划等维度，建设了由六个目标、四种模式、七大主题、八类活动组成的和谐德育课程。引导学生全面而有个性的成长。这些课程分别是社会主义核心价值观教育课程、传统美德教育课程、红色教育课程、志愿服务课程、健康教育课程、节能减排课程、生涯规划课程等。见下图。

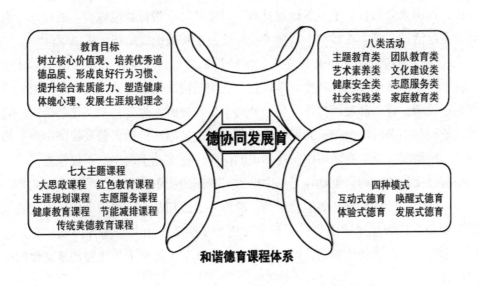

图2-3　和谐德育课程四模式七主题框架

和谐德育课程的实施主要从以下五方面进行。

一是遵循发展规律，习惯养人。学校依据教育的规律和学生身心发展规律，结合学校的礼仪教育研究成果，构建了中学各年级段学生习惯培养目标与培养内容，出台并细化了不同学段学生行为要求和评价标准，通过"任务驱动—示范引领—复制模仿—反馈纠错—和谐评价"逐步引导学生依据标准来规范行为，强化学生自主管理，将常规要求逐步内化为学生的行动自觉，从而形成习惯，塑造品行，促进学生全面发展。

二是丰富校园文化，活动育人。学校围绕和谐校园建设，加强班级文化，突显"一班一品"；校园文化小解说员活动，传递和谐校园之美，树立学生主人翁意识；利用重要节庆日开展爱国主义教育、劳动教育、环保教育等主题活动，增强学生的荣誉感和使命感；将经典诵读《少年中国说》融入大型活动环节中，通过开蒙启智，使学生树立远大理想。学校的"五大节"（艺术节、体育节、科技节、阅读节、心理节）成为学生展示综合素养的好舞台；民乐、石艺、舞蹈、合唱等各大社团活动丰富多彩，促进学生身心和谐发展。学校注重红色文化教育，以多种载体和教育形式引导学生重温历史、牢记使命。开展了"寻找英雄的故事""运河人物"讲故事、课本剧比赛以及"社会主义核心价值观原创诗歌"朗诵比赛；清明节时，组织学生到营城子烈士陵园祭扫，了解英雄人物石磊的生平事迹；在国家公祭日、毛主席诞辰日等，对全体师生进行红色教育。通过精心设计的主题活动，学生在活动中增强实践体验，在实践中立品行、正三观。

三是传承传统文化，文化立人。学校长期开展传统文化进校园活动，让学生在学习中传承中华文化瑰宝。学校充分利用运河文化，聘请运河文化专家、学者走进校园，宣传和展示传统文化，开阔学生的视野，提升艺术文化的档次。同时，学校与中医医院合作，开展"中医药文化进校园"活动，普及我国中医药知识及运用情况，学生在学习中医药知识的同时，还能动手制作。不仅拉近了学生与中医药文化的距离，更是在无形中助力了我国传统中医药文化的传承。此外，学校依据中国传统节日开展纪念活动，校内外实践相结合，将活动成果进行线上线下展示，让学生了解中华优秀传统文化，了解节日由来、精神内涵和文化习俗，增强文化自信和体验感，同时也展现了当代学子传承中华优秀传统文化的良好风貌。

四是家校社三位一体，合作育人。学校教育离不开家长和社会的支持与配合。学校结合运河文化资源，如博物馆、公园等开展研学主题实践活动。坚持做好"全员家访"活动，让教师走进学生家庭，了解家庭状况和学生在家表现，沟通教育孩子的方法，听取家长的意见建议，以促进教育教学工作更好地开展。学校每学期组织召开班级家长会、家委会、家长代表座谈会，倾听家长对学校工作的意见和建议，共同探讨教育孩子的方法。开展家长开放日活动，让家长走进学校，引导家长了解学校的教育主张，了解学生在校的学习与生活。积极定期组织开展"家长线上课堂"系列培训活动，促进家校共育，形成育人合力，进而达到和谐育人的目的。

五是明确目标主题，分学段育人。分学段培养"好习惯"是提高德育实效性的重要举措，学校根据学生的年龄特征，制定出不同学段的学校德育主题与目标。见下表。

表2-5　和谐德育课程分年级实施内容

年级	主题	目标	核心价值观教育	传统美德教育	红色教育	志愿服务	节能减排	健康安全教育	生涯规划教育
初一	养成良好习惯，成就美好未来	培养习惯	理解内涵，培养日常行为	孝、礼	明确日常爱国行为	校园内服务	环保行为	卫生习惯、锻炼习惯，树立安全意识	了解理念，学习全面认识自我
初二	迈好青春第一步，促进自我和谐发展	培养品德	理解精神要旨，积极践行	勤、诚	学习祖国发展历史	社区服务	主动践行低碳生活	学习青春期常识，初步掌握自救基本知识和技能	制订计划，规划课余生活
初三	树立远大理想信念，争做优秀毕业学生	理想信念	纳入认知结构，规范自身行为	信、义	提升祖国的认同感、自豪感	社区服务	传播环保知识和理念	掌握自我心理调适方法和自救知识和技能	初步确定发展方向，制订实施计划
高一	科学合理定位，奠基未来成长	合理定位	内化于心，外显于行	廉、耻	国防教育	社会服务活动	探究节能环保设施	掌握自我调适与自我改变的技能，熟练掌握自救的知识和技能	科学合理定位
高二	培养健全人格，实现个性发展	健全人格	社会认识和思考	忠、义	运河文化校本课程	参与社会服务项目	确立节能项目研究	社会责任感，提升救助技能	了解认识职业世界
高三	规划自我人生，立志成人成才	责任意识	社会责任	道德修养	培养建设祖国的时代使命感	独立承担服务项目	创新节能减排理念	做出升学或择业的最佳选择，熟练救助技能	科学规划未来发展方向

二十大报告将教育、科技、人才统合在"实施科教兴国战略，强化现代化建设人才支撑"部分，提出"教育、科技、人才是全面建设社会主义现代化国家的基础性、战略性支撑"，体现了党和国家对于新时代实施科教兴国战略的高度重视，对教育、科技、人才的高度重视。学校以人才培养为重点，坚持"成才先成人，树人先立德"。不同学段的学校德育主题与目标呈阶梯性进阶式，有效指导学生在中学阶段成长为什么样的人，如何成长为一个社会和国家所需的栋梁之材。

学科德育与和谐德育课程构成学校大德育体系，德育教育贯穿学校日常教育的方方面面，与学生的身心发展特点、行为习惯养成、道德品质培养紧密结合起来，努力培养他们正确的价值观念、积极的人生态度、健康的心理情感和高尚的道德品质。

（三）运河文化课程

在和谐课程体系基础上，学校依托地缘优势，大力挖掘运河文化内涵，开发"运河文化学科课程"——在和谐课程四个领域，把运河文化融入课堂教学中，在初高中全学科、全学段推进国家课程校本化实施，目前学校推出30余节运河文化融入课堂教学的优质课，获得市区奖励——是学校基于地缘优势开展课程建设的有效尝试。

运河文化课程以和谐发展为理念，以"运河精神"为学校文化内涵，充分利用学校积淀的课程资源和运河资源。运河传统文明内容丰富，内涵深刻，涵盖了科学与人文的多方面，对其学习能培养学生的核心素养和综合素养。基于此，学校还开发了"运河文化校本课程"——传统文化课程。为了提升课程实施质量，本课程采用主题式教学开展课程实施。立足引导学生认识人与自我，人与他人，人与自然，人与社会，开发了五个主题内容，整体构成课程。

课程负责人：徐宝刚、陈玉、曹申申、周峰、张芳颖、陈希。

图2-4 "运河脉&家乡情"课程五个主题

"运河：经济命脉"模块的课程，以运河文化中与经济发展密切相关的内容为主，主要呈现运河文化千年以来的经济社会变迁。在这一模块中，课程设置一是密切关联到相应学科中的内容，如高中思想政治中的经济生活、历史学科中的经济史等部分，加入其中形成学科拓展活动。二是这一模块相对零散的内容，也以主题的形式加入已有对应领域的校本课程之中。三是运河中学也专门开设了"漕运经济"课程，透过漕运这个聚焦点，带领学生进一步了解运河文化何以作为一种经济命脉存在。

"运河：历史文脉"模块的课程，以运河文化中历史变迁、人文底蕴密切相关的内容为主，主要囊括运河文化中重要的历史事实、人物事迹与人文风貌。同样，这一模块的课程也分为三部分，一是与国家课程中的语文、历史、道德与法治、思想政治中的内容密切相连，形成学科主题探究。如运河管理、诗词与大运河、苏州园林等。二是对于一些相对零散但是又有重要意义的内容主题与对应领域的校本课程加以整合。三是开设一系列专门课程，具体课程有：通州地名的由来、运河人物——刘绍棠、我们身边的历史名人——李贽、运河文化——美食、运河文化——人物、舌尖上的大运河、运河地名、诗词中的通州八景、大运河的开凿、和春雨文社一起出发——北运河甘棠闸、品龙井茶香、运河文化——古建等。

"运河：社会动脉"模块课程，以运河文化中有关社会变迁、社会问题、制度发展的讨论等相关内容为主，用以呈现运河与中国社会发展之间的密切关系。这一模块的课程，一是与语文、道德与法治、历史、思想政治等相关学科的内容进行整合，形成拓展活动课程；二是与对应领域的校本课程进行整合；三是运河中学也设置了诸如运河漕运帮规等课程。

"运河：生态水脉"模块课程，以运河文化中有关水文、地理等相关的内容为主，旨在让学生以自然科学的视角了解运河文化。这一模块的课程包括三个部分，一是与地理、物理、化学等学科相关内容进行整合，形成相应活动主题，如运河水质、沿岸植被、沿岸气候等；二是与对应的校本课程进行整合；三是运河中学构建了一系列专门课程，有京杭大运河的生态环境等。

"运河：非遗流脉"模块课程，以运河文化中的各种艺术表现形式为主要内容，旨在让学生了解运河发展过程中形成的各种民间艺术。这一模块的课程包括三个部分，一是与音乐、美术等学科进行整合，形成学科拓展活动，如运河主题版画等；二是与艺术领域的拓展选修课程、综合提高课程进行结合，形成活动主题，如在篆刻系列课程中，形成运河相关主题的讲解与设计，篆刻——铭记运河系列活动；三是开设了诸多运河文化相关课程，如运河民间美术、运河民间美术讲座系列、运河古建筑之眼——花窗等。下面对此课程的目标、实施等进行简介。见下表。

表2-6 "运河脉&家乡情"课程目标

课程总目标	课程子目标
培养学生尊重自然、利用自然的科学精神	1.了解通州地区运河的自然环境、运河中的各类水利工程； 2.以系列闸坝为例，分析其中合理利用自然地理条件开展建设的归因分析，探索其中的科学元素。
培养学生厚德载物、兼容并蓄的人文精神	1.了解通州地区运河区域非物质文化遗产、民俗、文学作品等内容； 2.以窗花、篆刻等非物质文化遗产为例，体会其中隐含的人文精神； 3.通过对地方文化的学习、认同，感受家乡之美，培养学生的审美情趣，爱家乡、爱祖国的情感。
培养学生锲而不舍、自强不息的奋斗精神	1.了解运河历史，感受人民在开凿、疏浚、修缮、治理运河中锲而不舍、自强不息的精神； 2.学习运河建设、应用与发展过程中的历史人物、历史故事，以前辈人士为榜样，养成奋斗精神。

课程总目标	课程子目标
培养学生大胆探索、敢为人先的创新精神	通过了解运河治理、建设的史实，体会古代劳动人民的智慧，大胆探索、敢为人先的创新精神。
培养学生包容互济、和谐共生的开放精神	1.通过了解运河促进南北经济文化的交流作用，理解运河在传统文化中形成的包容互济、和谐共生的桥梁作用，理解传统文化在中华民族发展中的作用，从而培养学生的文化自信，并从爱家乡做起； 2.以运河开放的胸怀，理解人类命运共同体的内涵。

表2-7 "运河脉&家乡情"课程课时安排

主题	开设时段	课时分配	实施方式
"运河：经济命脉"模块	高一上学期	8学时	选修课
"运河：历史文脉"模块	高一上学期	10学时	选修课
"运河：社会动脉"模块	高一下学期	12学时	选修课+国家课程融合
"运河：生态水脉"模块	高一下学期	12学时	选修课+国家课程融合
"运河：非遗流脉"模块	高一下学期	12学时	选修课+国家课程融合

在确定好目标与课时后，采用主题式实施课程教学，每一个主题之下，课程开发组成员通过查阅资料、实地调查、民间走访等方式获取第一手资料，然后根据课程建设目标，对资料进行分类整理，最后按照课程建设的要素对内容进行改变，形成正式的课程内容。

基于课程标准与核心素养要求，运河文化课程在实施方面做到如下四点：

第一，开展单元教学，优化知识结构。为全面优化课程中的知识结构，我们研读语文、历史、地理、物理、数学等课程标准和人教版教材，梳理了学校有的运河文化课程资源，将零碎的、不连贯的碎片化知识依据学科大概念进行统整和重构。注重创设真实的情境，关注学科知识与现实生活的联系，使学生在真实生活情境中学习，将知识用单元整体呈现的方式，引导学生从整体视角关注、思考知识，在真实体验的过程中巩固和应用知识，促进科学思维习惯的形成，掌握解决问题的方法，传承文化。因此，本课程关注基础知识，激活原有知识经验，是对国家课程的加深和拓宽。

第二，践行思维课堂，培养学生高阶思维。学习的关键是思考，能力的养成核心是思维能力。在课程实施中，我们将创设情境、提出问题、自主探究、合作交流、应用迁移、总结反思六大要素贯穿课堂，逐步提升学生的思维品

和谐，让教育向美而生

质。在课堂学习中，通过大量的现象引发学生思维，激发学生的学习动机，产生认知冲突，激活思维，引导学生提出具有探索价值的问题；自主探究强调思维的主动性，培养学生的探究思辨能力，在丰富的教学活动中学生独立思考，自主建构知识体系。通过大量的证据启发学生学会解决问题，教师创造适合合作交流的氛围，支持学生的情感和行为互动，鼓励学生提出高认知问题，引发思维的互动，学生在思维的碰撞交流中提高思维质量，实现知识的传承和养成关键能力。

第三，全景式渗透，培养学生的文化自信心。在课程实施过程中，教师坚持以创设文化情境为核心，为学生创建大运河文化环境，涵养学生文化精神。通过文化认知、文化实践，促进学生的文化认同、文化自觉与文化自信。

学生在真实场景中认识和体验大运河历史人文、风土人情、军事政治、经济发展等，整体把握乡土文化，涵养乡土情感与家国情怀，养成运河精神。同时，基于爱家乡的情感，将运河文化或融入国家课程，或单独开设，学生在了解家乡、了解大运河的过程中，提升对于学科知识的认识，发展学科技能，促进学科素养的提升。

第四，开启"两型四类"的课时设置。"两型"：为了能充分注重学生在知识、能力、方法、情感等方面的收获，充分调动学生主动参与的积极性，把课分成"选修课程和国家课程融合"两种类型。"四类"：根据学科拓展的需要和学科特点进行安排，对每堂课40分钟的标准时长进行"瘦身"或者"延伸"，长则70分钟，短则30分钟，甚至只有短短10分钟，于是便形成了"选修型长课、选修型短课、融合型长课、融合型短课"这样"四类"课时设置模式。

以化学学科袁加立老师《蒸馏古意勾兑春光醉了运河》课例为例。

指导思想与理论依据

一、运河文化见证了朝代的兴衰，政权的更迭，漕运的繁忙，群落的演替，却依然承载着、延续着千年文脉与光辉。大运河古今交融、生生不息的生命力令人惊叹，这也是中华民族经久不衰、自强不息精神的生动写照。运河的历史，伴运河而生的两岸城市发展史，城市里的民间艺术、百姓饮食，也具有顽强旺盛的生命力，"酉"文化伴随着运河的流淌，一直流传至今。酉：象形兼会意。甲、金文字形像酒坛。字从酉，从一。"酉"本指"西方"。在我国古文化中，西方与"秋季"搭配。"秋季"意味着"庄稼成熟"。故"酉"转义指"谷物成熟"，其字形像酒坛。"一"指"酒坛里的内容物"。汉字"酉"与发酵相关，凡是含有"酉"字偏旁部首的汉字，多数与发酵相关，如酱、醋、酿、醉、酸、醇、酒、酶、醪糟等。

二、中国作为世界上最早酿酒的国家之一，酒的酿造，在中国已经有数千年的历史。酒是一种文化的载体，中国酒文化历史悠久、内涵丰富、博大精深。在几千年的文明历史中，酒已经成为中国人道德、思想、文化的综合载体。但在人类社会早期，劳动生产率低下，物质财富极度贫乏，不可常得，直到明清时期，大运河南北通航，南方的粮食开始源源不断地运向北方，北方有了足够的粮食储备，开始利用余粮发展酿酒业。所以说，大运河在中国的酿酒业历史上起到了至关重要的作用。

三、《义务教育化学课程标准》科学探究中强调：①义务阶段的化学教育，学生能认识物质世界的变化规律，形成化学的基本观念。②通过体验科学探究的过程，学生的科学思维得到发展，学生的实践能力有所提高。③学生能认识到化学、技术、社会、环境的相互关系，理解科学的本质，提高科学素养。④学生通过亲身经历和体验科学探究活动，增进对科学的情感，学习科学探究的基本方法。物质的化学变化中强调：①学生通过实验探究认识化学变化的规律，初步了解研究化学变化的科学方法。②认识质量守恒定律，能说明化学反应中的质量关系。③认识定量研究对化学科学发展的重大作用。化学与社会发展中强调：学生应通过真实的事件体会化学科学与社会发展的关系，认识到学习化学的重要性。

四、建构主义学习理论倡导以学生为中心，强调知识是学习者在一定的情境下，借助他人的帮助，充分利用各种学习资源，通过意义建构而获得。动手实践、自主探究和合作交流可以促进学生全面、持续、和谐地发展。教学的核心目标是发展学生的能力及素养的提高，教学活动目标是促进学生学习活动的开展。作为科学教育的化学课堂教学目标是科学方法、科学态度及科学精神，努力让学生有依据地得出结论。

教学背景分析

一、教学背景分析

在交通不发达的古代，航运是非常重要的运输方式，富有创新精神的中华民族，首创了人力开凿南北走向的河流，用人工河弥补自然水系的不足，促进了区域经济的发展。

2 500多年来，京杭运河连通南北，扮演着南北漕运、黄金水道的重要角色，影响着沿岸人们的经济文化、生活方式，推动运河沿岸城市群文化的融合发展，并繁育出独特的大运河文化。长期以来，运河滋润了南北两岸的文化发展，在它流过的地方，既锻造出江南水乡的风韵和北国风光的壮美，也浇灌出"诗书酒画"的艺术风情。伴随着商业和餐饮业的发展，酿酒行业迅速膨胀，沿运河一线，形成了风格鲜明的酒文化链带。大运河在贯通运河酒业、交流南北酒品方面起了重要作用，南、北酒文化在汇合沟通中展示出一条亮丽的风景线，打造了流动的酒文化长廊。"百货通湖船入市，千家沽酒店垂帘。"运河的兴旺繁荣，为酒文化的兴盛创造了绝佳的地理和人文环境，也推动了酒产业的发展壮大。所以说，大运河是文化的载体。我们从中能够看到开放、包容和天人合一的文化态度。

二、教学内容分析

教材分阶段引导学生逐步认识和理解研究有机物的一般步骤和方法，在此基础上，让学生感受现代科学技术对有机化学发展的推动作用。①以实验探究活动的方式认识乙醇燃烧产物的确定。②通过方法指导和实际应用，认识元素分析法确定有机物的化学式的步骤，利用乙醇燃烧的实验现象，设计利用燃烧法推断有机物化学式的题目，帮助学生理解元素分析法确定有机物化学式的实验原理，使他们学会利用元素质量分数及其他途径获取数据推断有机物的分子式。③通过信息整合和综合应用，认识波谱分析法确定有机物的分子结构。

三、学生情况分析

学生在之前的学习中已经认识了酒精的物理性质与化学性质以及质量守恒定律与质量分数的计算，为本节课教学奠定了基础。但对于物质化学式的确定以及质量守恒定律的定量计算并没有进行深入探讨，学生对确定物质化学式还存在很多模糊的认识。教学中要结合实验创设的真实情境，组织学生开展分析解释、推理预测、设计评价等学习活动，转化认知偏差，逐步建立系统分析确定物质化学式的思路。

教学重点：乙醇化学式的确定，运河文化的宣传。

教学难点：元素分析法计算有机物的实验式，帮助学生形成分析物质化学式的一般思路。

教学目标

1．通过乙醇燃烧的实验，认识乙醇的物理性质及化学性质，分析定性实验，认识乙醇的元素组成。

2．在分析乙醇化学式的过程中，逐渐建立起分析物质化学式的系统分析思路，培养学生模型认知的核心素养。认识定量研究对于化学科学发展的重大作用。

3．通过课堂任务链，增进学生对科学探究的理解，培养学生科学探究与创新意识的核心素养。

4．通过课堂线索链，认识运河酒文化与人类生产生活的紧密关系，体会运河酒文化在促进社会发展的过程中所起到的重要作用。中国是酒的故乡，酒文化起源久远，文化底蕴深厚，通过学校课程，将中华传统文化纳入教学，丰富了校园文化生活，提升学生的民族自豪感和文化认同感，更好地促进了传统文化的传承和弘扬。利用通州老窖作为北酒的代表，进一步加深了学生对家乡的热爱。

5．课堂是学生最为持续的生长环境，利用教师宽广的思维和视野，以化学学科知识为载体，深入认识学科本身的内在价值，从而延伸出学科背后的价值意义。实现从学科知识到学科育人的华丽转身。

教学过程

教学阶段	教师活动	学生活动	设置意图	技术应用	时间安排
新课引入	【介绍】 大运河流淌的酒文化。	讨论交流。 倾听。	通过观看大运河的图片，认识关于通州运河的上下联系，了解大运河的历史文化。	多媒体展示	

第二章　和谐育人——学校课程体系构建

和谐，让教育向美而生

新课引入	【介绍】 通州是京杭大运河的北起始点，境内一条条运粮河，彰显着通州的酒历史和酒文化。通过史书记载可以看出当时通州粮仓之多，酿酒耗粮之巨。	讨论交流。 学生小组讨论，介绍。	从学生日常生活实际出发，引导学生认识大运河对通州的重要性。大运河为南北酒的交融起到了重要作用。	多媒体展示图片	5分钟
环节1：南北酒的酿造——过去	【南北酒的酿造——过去】 【故事引入】 简单介绍北酒的代表，通州老窖，引导学生思考南酒的代表。讲述白娘子喝雄黄酒的故事，引出杭州的雄黄酒。 【学生讲解】 ▶ 黄酒的酿造过程 制曲—蒸料—发酵—压滤澄清—煎酒—陈化	学生分享、交流。 认识南北酒的代表。 学生课前查阅资料，整理资料，在分享的过程中了解酿酒中的化学变化。 介绍白酒和黄酒的酿造过程。	利用通州老窖作为北酒的代表，进一步加深了学生对家乡的热爱。 通过学生课前查阅资料，整理资料，并在课上分享，使学生感受到酿酒过程的艰辛与不易。并能联系到学习过的化学知识。了解酿酒中的化学变化。	多媒体播放 多媒体展示化学操作实验装置	10分钟

环节1：南北酒的酿造——过去	▶ 白酒的酿造过程 制曲—蒸料—发酵—蒸馏—陈化—勾兑 【分析】 分析酒在酿造的过程中，所涉及的化学知识	认识酿酒过程中所涉及的化学知识与化学实验操作。 交流讨论。 回答问题。 分析在南北交通便捷的情况下，对于酿酒的影响。主要从酿酒原料以及酿酒工艺角度进行分析。	通过分析南北酒的酿造过程，认识蕴含其中的化学反应。	多媒体展示	7分钟
环节2：南北酒的提升——现在	【南北酒的提升——现在】 【讲解】 通过大运河漕运的发展，促进了南北方物质资源、地域文化、民间习俗的交流，带动了南北经济的发展，引出南酒北酒的变化。 原料多样化、工艺革新化、口味丰富化 【介绍】 白酒和黄酒的差异性 ▶ 酒精含量不同	各地均呈现一种融众家之长，开一地酿酒之风的气象。借着舟楫便利，南北酒通过水路运往沿线各个城市。 倾听教师的讲解，认识南北酒的代表，体会在南北酒交流的过程中，大运河所起到的重要作用。 联系生活实际认识到白酒和黄酒的共同点与差异性，认识酒精度数的意义。联系学习过的体积分数和质量分数等相关知识。	通过学生的讨论交流，认识到在南北交通便捷的情况下，大运河对于酿酒产生了巨大的影响。 了解京杭大运河，南起余杭，北到北京，对中国南北地区之间的经济、文化发展与交流，起到了重大作用。	展示学生的设计方案	8分钟 5分钟

和谐，让教育向美而生		【引导】 引导学生分析白酒和黄酒差异性的原因。	分析南北酒酿造的过程，认识酒精度的差异性，联系酒精的物理性质与化学性质，小组讨论交流，分析如何确定乙醇的化学式。	通过酒水标签，了解南北酒的酒精含量不同，进一步联系关于体积分数的相关知识。培养学生自主学习的能力。	
	环节2：南北酒的提升——现在	【实验探究】 通过燃烧法确定乙醇的化学式 ► **确定乙醇的元素组成** 干冷烧杯 ► **确定乙醇分子的原子个数比** ► **确定乙醇分子的相对分子质量及结构** [质谱图] ► **香气成分不同** [香气成分对比表格]	分析实验现象，确定乙醇元素的组成。 通过质量守恒定律与质量分数的计算，确定乙醇的元素组成。 通过乙醇的质谱图，知道乙醇的相对分子质量。 通过乙醇的红外光谱和核磁共振氢谱认识乙醇的结构。 通过文献资料了解南北酒的香气成分的差异性。	通过动手实验，验证乙醇燃烧的产物，进一步确定乙醇的元素组成。 建立确定有机物化学式的一般方法和步骤。	多媒体展示	5分钟

白酒香气成分对比	黄酒香气成分对比
乙醛	2-甲基-1-丙醇
乙酸乙酯	1-丁醇
乙醇	3-甲基-1-丁醇
1-丙醇	乙酸
2-甲基-1-丙醇	糠醛
	苯甲醛
	2-羟基丙酸乙酯

	【介绍】江南大学的酿酒实验室	倾听,了解酿酒技术的发展现状。	了解现在白酒和黄酒的现状以及发展趋势,认识勾调技术、生产技术、检测技术等与化学紧密相关。 培养学生的社会责任感。	多媒体展示	5分钟
环节3: 南北酒的发展——未来	【南北酒的发展——未来】 介绍现在白酒和黄酒的现状以及发展趋势,认识勾调技术、生产技术、检测技术等	了解现在白酒和黄酒的现状以及发展趋势,认识勾调技术、生产技术、检测技术等与化学紧密相关。 认识勾兑酒。 通过白酒、黄酒在中国的地区分布,认识大运河的重要性与必要性。	通过对南北酒的简单了解,认识南北酒的发展历程,并且联系大运河对南北酒的酿造原料、酿造工艺所带来的改变。	多媒体展示	5分钟

和谐，让教育向美而生	整理小结	【课堂小结】 酒的发展:白酒是黄酒的发展，黄酒是白酒的回归。在发展与回归的过程中，运河的漕运起到了至关重要的作用。大运河连接了南北，也连接了世界。 中国酒浓缩了华夏五千年的传统文化，是代表中国文化的一张重要名片，民族的，应当成为世界的。 【布置作业】开放性作业 以酒文化(酿酒工艺、酒器、酒礼、酒谈、酒诗等)为主题:在实践活动中收集、筛选、整理材料，完成思维导图的绘制，完善自己关于酒文化的认识。	通过介绍认识到中国大运河，不仅连通南北，还连接起了陆上丝绸之路、海上丝绸之路，创造了一个"内循环圈"和涉及亚非欧诸大洲的"外循环圈"，促进了不同文化碰撞融合，中外文明交流互鉴。 升华至运河对于南北文化交流融合起到的重要作用。 认识酒的醇厚历史文化源远流长，是现代人无法割舍的情怀寄托。 通过课后查阅资料认识中国酒文化背后的意义。 在实践活动中收集、筛选、整理材料，完成思维导图的绘制，课后继续交流、讨论。	多媒体展示	5分钟

板书设计

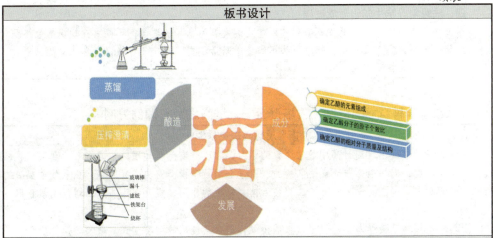

学习效果评价设计

一、大运河文化的教育价值

"融合性"是大运河文化的鲜明特征，大运河流经的区域形成了一个经济文化带，它是"线性的、活态的遗产"。中国大运河，不仅连通南北，还连接起了陆上丝绸之路、海上丝绸之路，创造了一个"内循环圈"和涉及亚非欧诸大洲的"外循环圈"。内外循环圈皆宏伟阔大，包罗万象，不同文化碰撞融合，中外文明交流互鉴。

二、大运河文化的教育价值的实现

1.在不同学段中感知运河文化

初中阶段以增强学生对大运河文化的理解力为重点，提高学生对大运河文化的认同度。教师要系统地介绍大运河的开凿、发展、演变历史，认识劳动人民建造大运河这一水利工程的伟大成就，增强民族归属感、自豪感。从化学学科角度，认识大运河的流淌所带来的一系列的社会价值。

2.在课程教学中渗透运河文化

以化学学科为例，学生通过课前对资料的收集和现场讲解，加深对中国大运河的认识。在讲授乙醇这节课时，教师引入中国大运河这一课程资源，引导学生收集资料、访谈调查，通过对运河文化的理解，建立民族文化认同，培养民族自信心和自豪感。

3.在体验探究中走进运河文化

初中通过观看大运河纪录片、参观大运河博物馆等形式感受运河工程的宏伟壮阔。也可以通过阅读经典作品，进行文化考察、专题研究等学习活动，全面客观认识大运河文化。在一千多年的时间里，大运河的流淌保证了中国南北民风相同，人心相通和文化认同，是中国的大运之河，大运河文化，即因大运河而生、而变、而传播的文化，具有"开放""包容""交流""融合"等多方面的价值内涵。

三、大运河流淌的"酉"文化

运河的历史，伴运河而生的两岸城市发展史，城市里的民间艺术、百姓饮食，都具有顽强旺盛的生命力，"酉"文化伴随着运河的流淌，一直流传至今。汉字"酉"与发酵相关，凡是含有"酉"字偏旁部首的汉字，多数与发酵相关，如酱、醋、酿、醉、酸、醇、酒、酶等。通过课程体系的建设，了解随着大运河而流淌的"酉"文化，认识大运河带来的价值和思考。

四、注重培养学生知识形成过程

通过本节课的教学，我更加领悟到"以学生的发展为本"的理念，不仅重视知识的最终获得，更加注重知识的形成过程，让学生的思维处于激活状态，学生才可能以自身已有的知识和经验为基础主动地建构新知。

以数学学科石立雪老师《古塔谜云——塔高之疑》课例为例。

指导思想与理论依据
新课程标准中提出"通过高中数学课程的学习，学生能有意识地用数学语言表达现实世界，发现和提出问题，感悟数学与现实之间的关联；学会用数学模型解决实际问题，积累数学实践的经验；认识数学模型在科学、社会、工程技术诸多领域的作用，提升实践能力，增强创新意识和科学精神"。 　　数学模型搭建了数学与外部世界联系的桥梁，是数学应用的重要形式。数学建模是应用数学解决实际问题的基本手段，也是推动数学发展的动力，当然数学能力的培养也不能与文化素养相割裂，两千多年的运河文化滋养着通州人民，身为运河学子更要在弘扬运河文化的过程中践行运河精神，求知、解疑。

和谐，让教育向美而生

教学背景分析	
教学内容分析	余弦定理和正弦定理，是解三角形问题的工具，在平时的教学中我们都给出了现成的图形，学生只会解决数学问题，因为缺少与现实生活的联系，所以总觉得数学的学习枯燥无味，另外本着身为运河学子也应该了解运河文化，知家乡、爱家乡的原则，通过燃灯佛舍利塔的介绍发现了塔高的出入，因此本节课想让学生通过对实际问题的分析建立相应的数学模型，把实际问题数学化，即把实际问题转化为数学问题,以此培养学生的数学建模素养，提高学生分析和解决实际问题的能力。 **教学重点**：用所学余弦定理和正弦定理去解决自己发现的问题 **教学难点**：实际问题建立数学模型
学生情况分析	学生对利用正、余弦定理解三角形问题已经比较熟练，但对于创建条件研究三角形问题比较生疏，特别是从实际问题中抽象出数学问题，创建解决问题的条件非常困难。
教学方式	合作探究
教学手段	多媒体课件（PPT、几何画板）
技术准备	PPT，几何画板，希沃助手

教学目标
1.通过课前检测，回顾正、余弦定理知识。 2.经历发现问题、解决问题的过程，培养学生数学建模素养，提高学生分析和解决实际问题的能力。 3.通过对燃灯塔相关知识的了解，让学生了解家乡、热爱家乡，深化运河文化对学生的人文教育价值。

教学流程示意
古塔介绍　→　发现问题　→　小组探究　→　集体交流制订方案　→　自主解决 　→　集体交流优化方案　→　小结提升

	教学过程			
教学阶段	教师活动	学生活动	设置意图	技术应用
情景引入 通过视频了解家乡运河文化之燃灯佛舍利塔 发现问题	研究性学习小组组长以视频和PPT的形式向大家介绍运河文化之燃灯佛舍利塔的前世今生。 燃灯塔知识介绍。 发现疑问：网上查阅的材料，发现百度上塔高数据不同，主要有45米、48米、53米还有56米。虽然现在有很多方法如测影长、利用气压计测量气压差等方法去测高度，但是由于塔的周围还有其他建筑，所以测影长无法实施，现在我们手里的工具只有测角仪和米尺。 思考：我们能不能测量出燃灯塔的高度呢？ 问：我们最近学习的什么知识可以测高度？测距离？	欣赏家乡的美。 发现疑问大家一起思考。 大家思考回答正弦定理和余弦定理。	让同学们知家乡、爱家乡。 发现问题。 回顾正、余弦定理内容以及使用时选用方式，为后面应用做准备。	视频、PPT
各小组长制订初步方案	研究性学习小组组长展示测量前制订的初步方案及理论依据。 1.正弦定理与余弦定理； 2.正余弦定理能解决的数学问题； 3.正余弦定理能解决的实际问题。	课下收集资料，分享交流。思考解决方法。	让学生了解运河文化，知家乡、爱家乡。 体会数学来源于生活，引导学生主动应用数学知识解决问题。	PPT
小组探究（测量方案）	参与到小组讨论中，但不做过多指导。	小组讨论方案，集体交流。	培养学生独立分析、解决问题的能力，建立数学模型能力，语言表达分享能力。	PPT

第二章 和谐育人——学校课程体系构建

和谐，让教育向美而生

展示方案及问题	学生分享小组测量前初步研究方案： 方案一：直接构造直角三角形， 测量OA，$\angle A$ 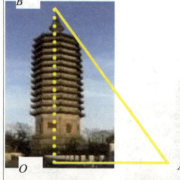 实测时出现的问题： 问题： 塔的底部不可到达，无法直接测量OA； 如果把O点选在塔底边缘，仰角 $\angle OAB$的测量不准确 方案二：构造两个基点B、C，基线BC 测量数据如下： BC，$\angle HBA$，$\angle HCA$ 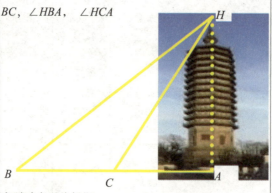 实测时出现的问题： 方案二的问题：测量仪器不能直接放在地面上而是 需要一个支架	讲解自己的测量方案及测量数据并分享测量过程中遇到的问题。 讲解自己的测量方案及测量数据，分享测量过程中遇到的问题。	培养学生综合应用立体几何知识与正、余弦定理的能力，提升学生将数学知识用于生活中问题的能力。 培养学生数学建模能力。 发现问题，理论与实际的区别。	PPT 希沃助手 PPT

优化方案一的方法一：把塔底看成一个近圆形，A为不可到达的圆心，画出一个矩形$ABCD$，测量BC，得AD，测$\angle ADH$，得HD。

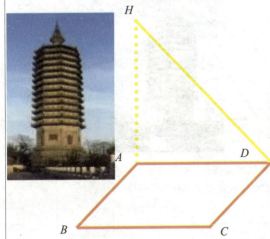

各小组分别讨论并提出优化方案

优化方案一的方法二：

A为不可到达的塔底，如果塔的周围面积有限，可以这样选基点B、C，然后测量BC，测$\angle HBC$，$\angle HCB$，由正弦定理求得HB，测$\angle HBA$，从而求得HA。

各小组根据初步制订的方案去实地测量时存在的困难及反馈问题，各小组深化讨论，优化方案。

体会理论是研究问题的基础，但是实践出真知。

在发现问题解决问题的过程中提高学生的能力。

<table>
<tr><td colspan="4">

优化方案二的方法：

F 为不可到达的塔底，测仪器支架的高 CD，$\angle HCB$，$\angle HBA$，测 BC 由正弦定理求 HB，然后加上 CD 即为塔高。

</td></tr>
</table>

自主解决	选定最优方案。	根据解三角形知识，解决后小组交流。	巩固解三角形问题解决方法。	希沃助手
集体交流	优化方案、优化数据。	集体展示交流。	培养学生解决问题的能力，语言表达分享的能力。	
小结提升	1.引导学生分享收获（知识、方法等）。 2.知识拓展 燃灯塔几何结构，风铃的个数，染色（或刷漆）等问题。 3.教师总结：在后续的学习中，我们陆续学习立体几何、数列等知识，会帮助大家解决这些疑问。 4.精神层面：古人在设备有限的情况下，建造了这样一座伟大的建筑，其中的艰辛和智慧值得我们学习。	分享交流。	培养学生及时反思的好习惯，激发学生继续研究的兴趣，引发学生能主动用数学知识解决生活中的问题。	PPT
课后反馈	构图、编题	课下完成	巩固所学方法	PPT

学习效果评价设计

评价方式

1.学生能对家乡的燃灯塔有更深的了解；

2.学生能借助解三角形知识，运用测角仪和米尺研究出测塔高方案；

3.学生能正确对研究数据进行数量计算；

4.学生能意识到生活中很多问题可与数学知识相关。

和谐，让教育向美而生

评价量规

1.分享解燃灯塔历史过程中学生感兴趣的状态；

2.小组探究成果分享；

3.测量方案优化分享；

4.课后反馈学生的收获。

本教学设计与以往或其他教学设计相比的特点

1.知识生成自然，让学生在不知不觉中投入研究中去

本设计由学生介绍燃灯塔，让学生主动查阅资料，了解运河文化。学生在查阅资料中，发现网络资料略有不同，产生了塔高到底是多少的疑问，自然而然地投入研究中，激发了学生主动应用知识解决生活中问题的意识。

2.注重学生体验，让学生在体验后有所悟

整个教学过程是"以问题为载体，以学生活动为主线"进行的，将要解决的问题形成一个逐步深入的问题链，把教学内容隐含在每个问题之中，让学生围绕问题探究解决本节课的知识。教学中，充分发挥学生的主体作用，鼓励学生探讨、交流，及时对收获进行小结。

3.适当对教材整合，让知识的研究更完整

教材内容中，没有问题解决方法的探究，只是给出具体测量数据，让学生计算。在本设计中，插入了发现问题，自主探究解决方向的环节，完善了数学建模的过程，提升了主动应用数学知识解决问题的意识与能力。

4.渗透运河文化的课程理念，发挥数学课程的育人价值

学生在查阅资料的同时，对家乡多了一些了解，增强了学生对家乡的热爱。与此同时，大运河文化的广泛，开阔了学生的眼界，一草一木的建设，对学生的价值取向进行了很好的引导。

以物理学科范照萌老师《科学讲漕运》课例为例。

指导思想与理论依据

建构主义是一种关于知识和学习的理论，强调学习者的主动性。建构主义认为学习与学习者发生的情境紧密相连，学生学习的本质就是借助学习情境的帮助，实现学习者对知识的主动建构。而这一过程常常是在社会文化互动中完成的。创新思维是人类认识自然界的一种复杂精神活动，创新思维能力的培养必须以基本情境为载体，通过对事物表象的联想、判断、综合分析将情境和知识相联系，使人们看到事物的表象背后的本质。

物理学科核心素养是学生在接受物理教育过程中逐步形成的适应个人终身发展和社会发展需要的必备品格和关键能力，是学生科学素养的重要构成。物理学科核心素养主要由物理观念、科学思维、科学探究、科学态度与责任四方面构成。探究漕运过程中的科学问题以运河文化为背景，在物理情境中建立模型、逻辑推理、解决问题，从而培养学生的核心素养。

教学背景分析			

教学内容：运河文化，是一种社会现象，是大运河自开凿以来长期创造形成的产物；又是一种历史现象，是运河流域社会历史的积淀物。本节课以运输漕粮的故事为主线，通过运用阿基米德原理、浮力、连通器等物理知识解决运输途中遇到的船漏水、过矮桥、过船闸等问题，巧妙地把物理知识与运河文化结合在一起，从而培养学生的科学思维能力、解决实际问题能力，增强作为运河人的自豪感。

学生情况：本节课的教学对象是初三学生，通过之前的学习，学生已经掌握了本节课用到的物理知识，而且对本节课所创设的情境比较感兴趣，但因为本节课所涉及的物理知识比较有跳跃性，而且有些学生基础知识较弱，所以对学生的综合应用能力有一定的挑战性。

教学目标

1. 了解大运河丰厚的文化底蕴，知道历史上运河发挥的重大作用，从而激发民族自豪感；
2. 能从受力的角度分析船漂浮时的吃水情况，提高科学思维能力；
3. 通过连通器、船漏水、穿过矮桥问题的处理，感知物理知识在运河运输过程中的应用，提高解决问题的能力；
4. 通过橡皮泥模拟造船、船漏水等问题，提高学生的创新思维能力。

教学重点：利用漂浮的受力特点解决造船、船漏水、船过矮桥问题；

教学难点：连通器解决船过闸问题。

教学过程			
教学阶段	教师活动	学生活动	设置意图
教学引入	**一、引导学生了解京杭大运河的悠久历史和在历史上的主要用途** 咱们通州就是京杭大运河的必经之路，张家湾码头就是因大运河而生的。在中国明清两代，它曾经是大运河上最繁忙的码头之一，素有"大运河第一码头"之称。那么，今天咱们就来完成一个漕运任务。 【提出问题】假如咱们穿越到乾隆年间，需要把一批粮食从杭州运送到北京，那么如果你是负责人，应该怎么做呢？ **二、浮力知识在漕运上的应用** 1. 如何增大船的排水体积 【提出猜想】既然咱们讨论后选择了水运，那么运输主力就是船，给你一堆木头材料，咱们怎么造一只船呢？造一只什么样的船呢？ 大家桌上都有橡皮泥，思考我们如何让橡皮泥漂浮在水面上呢？ 【教师引导】结合受力分析和阿基米德原理理解船的工作原理。	介绍大运河的悠久历史以及主要用途。 讨论交流运输方式。	创设情境，激发学生兴趣。 直观感受如何增大排水体积。

和谐，让教育向美而生

解决船的形状问题	 排水体积	橡皮泥模拟，观察如何让船漂浮在水面上。	学生经历头脑风暴，培养发散思维能力，进而培养创新思维能力。
	【提出猜想】船载货物增多，船浸入水中的深度发生怎样的变化？ 【教师引导】介绍吃水线和排水量。	模拟货物增多，观察船浸入水中的深度变化。	
	2.如何解决船过矮桥问题 　　既然我们已经利用现有材料造好了运输工具，那就可以装上货物从杭州出发了。当途经浙江余杭地区的广济桥时，我们发现桥太矮，我们的货物高了0.3米，我们如何解决这个问题呢？		利用阿基米德原理解释分析实际问题。
解决船过矮桥问题		思考船如何通过矮桥。	
	【教师引导】要解决这个问题，我们让排水体积如何变？吃水深度如何变？可以通过什么途径来实现呢？ 　　船上有压水舱，通过往船里打水的方法，增大自身重力，从而增大船的吃水深度，解决船过矮桥问题，等过完桥之后再把水排出。	模拟往船里打水。	

第二章　和谐育人——学校课程体系构建

解决船漏水问题	**3.如何解决船漏水问题** 　　过了广济桥，我们的船继续前行，到达了江苏淮阴，船触礁漏水了，这个问题很棘手，遇到的话，来不及处理就已经水漫金山了，这需要我们在造船的时候就得做好手脚，大家集思广益，想想怎么解决呢？ **【教师引导】**每组给大家准备了一个瓶子盖，就用这个瓶子盖在你的橡皮泥船上动动手脚，巧妙地解决这个问题。 **【视频播放】**水密隔舱技术  水密隔舱	模拟船漏水问题。 橡皮泥和塑料瓶盖模拟水密隔舱。 观看水密隔舱技术视频。	通过解决船漏水问题，体会水密隔舱技术，激发学生的民族自豪感和对文化的热爱。 通过演示船闸实验，提高学生解决问题的能力。
解决船过大坝问题	**三、连通器原理在漕运上的应用** 　　由于各地地势高低不同，运河上建有很多大坝（展示图片），上下游的水位落差就比较大，不仅可以用来发电，还能防洪抗旱，但是大坝也拦截了原有的通航能力。那么上下游的水面不相平，船如何呢？  拦河大坝 **【提出问题】**途中到达了山东省聊城市王堤口的渡槽船闸，需要排队过船闸，那么船闸里包含了什么原理呢？  渡槽船闸 **【演示实验】**船闸实验	了解闸坝的作用。 观察演示实验，理解船闸中的连通器原理。	增强学习物理的兴趣和信心，培养认真处理问题的大思路。 激发学生的家乡情怀，增强自我认同感。

和谐，让教育向美而生

结束语	四、结束语 燃灯塔 **古塔凌云** （清）王维珍 云光水色潞河秋，满径槐花感旧游。 无恙蒲帆新雨后，一支塔影认通州。 历经几次磨难和风险，我们的船终于看到了燃灯塔，这是我们通州的象征，通州就是北京的东大门，通州之名就是取自"漕运通济"之意。虽然我们遇到了重重困难，但我们坚持成功地完成了本次运输漕粮的任务，这就像我们在生活和学习中一样，大家都会遇到各种各样的挫折，但只要我们不轻言放弃，就定能创造一个光明的未来。	了解通州在京杭运河历史上发挥的关键性作用，并且明白通州地名的意义。	

学习效果评价设计

1.本节课采用运输漕粮的故事为引线，创设情境，采用小组分工合作的学习方式，激发学生的学习兴趣，从而提高学生参与度，突出学生主体地位。

2.本节课利用京杭运河的航线，巧妙地把浮力、连通器等几个力学知识点串联在一起，不仅让学生记住了运河航线，同时又把物理知识与运河文化有机地结合在一起。

3.本节课在学生实验、演示实验过程中采用希沃投屏等多媒体技术，有效地发挥了多媒体在教学中的辅助作用。

以政治学科关园老师《多彩文化在运河》课例为例。

2017年2月，习近平总书记在北京大运河森林公园考察时强调，要古为今用，深入挖掘以大运河为核心的历史文化资源。大运河是祖先留给我们的宝贵遗产，是流动的文化，要统筹保护好、传承好、利用好。2019年2月，中共中央办公厅、国务院办公厅印发《大运河保护传承利用规划纲要》，强调要坚持科学规划、突出保护，古为今用、强化传承，优化布局、合理利用的基本原则，打造大运河璀璨文化带、绿色生态带、缤纷旅游带。

《普通高中思想政治课标准（2017年版，2020年修订）》指出，高中思想政治课程是落实立德树人根本任务的关键课程，是帮助学生确立正确政治方向，坚定中国特色社会主义道路自信、理论自信、制度自信、文化自信的综合型、活动型学科课程。高中思政课不仅要符合我国社会的实际情况，同时应该以政治认同、科学精神、法治意识、公共参与核心素养为依托，培养学生对中国共产党和社会主义的真挚情感和理性认同。将运河文化融入学科课程中，自觉弘扬社会主义核心价值观，既能突出运河特色，充分调动学生兴趣、激发民族自豪感，又能凸显学科特点，彰显政治学科立德树人、培育社会主义建设者和接班人的学科任务。

教学背景分析

一、教学内容

如何做好大运河文化的保护传承利用？如何从流淌着的遗产中挖掘活的历史？这是教学探索的问题，也是课堂教学的关键。因此讲好运河故事、传承好运河文化，既是传承中华优秀传统文化、保护好文化遗产的必然选择，同时又是树立文化自信、建设文化强国的重要内容。

本课一共分为两个篇章，第一篇章通过介绍大运河的相关内容以及运河沿线的文化特色，让学生从整体上对运河有所了解，帮助学生认识运河文化，学会正确对待中华传统文化。第二篇章集中介绍通州当地的运河文化，尤其是对运河号子的描述和分析，帮助学生认识传承运河文化、保护文化遗产的重要性，帮助学生树立起文化自信。

二、学生情况分析

高二学生在思维能力上和视野开阔度上有了进一步的提升，生活体验和自身感悟有了进一步的提升，拥有了一定的知识储备和学习经验，学习能力和理解水平也有了较大提高。因此采取议题式教学，合作探究型课程既能激发学生的学习兴趣，了解运河文化，又能帮助学生树立文化自信，凸显学生的主体性地位。

三、教学重难点

对待中华传统文化的态度，文化遗产的保护。

四、教学方式与手段

本教学采用了情境教学、小组合作、议题教学等方法，与现代信息技术结合紧密，运用了大量的视频资源和文字材料。通过使用多媒体现代信息技术手段，有效整合建构出一种较为理想的教学环境和课堂氛围，通过创设真实的情境、灵活多样的交互方式，培养学生创造性自主发现和自主探索的能力，从而达成情感价值观的认同，实现教学目的。

和谐，让教育向美而生

教学目标

1.通过介绍大运河的由来以及运河沿线的风土人情，激起学生探索运河文化的兴趣，使学生了解文化是丰富多彩的、是多种多样的。通过对运河特色文化的分析，帮助学生认识中华传统文化，学会正确对待中华传统文化，落实政治认同和科学精神的核心素养。

2.通过介绍富有通州当地特色的运河文化，帮助学生了解认识通州运河文化，让学生肩负起传承运河文化、保护通州运河文化的历史使命，培育学生公共参与的核心素养。

3.通过对"北京市非物质文化遗产——运河号子"相关材料的分析和解读，强化分析问题和解决问题的能力，拓宽学生的视野、提升学生的逻辑思维能力，从而帮助学生认识到保护文化遗产的重要性，从自身做起保护好文化遗产，树立起文化自信和民族自豪感，落实法治意识的核心素养。

教学过程					
教学阶段	教师活动	学生活动	设置意图	技术应用	时间安排
情境创设激发兴趣	问题导入： 问题1：你知道"运河中学"名字的由来吗？ 问题2：运河沿线的城市你还知道哪些？ "中国运河第一城"——扬州 运河边上的"小天津"——临清 	观看图片回答问题。	通过问题设置，调动学生的探索欲，进入教学主题。	多媒体	
走近运河了解运河	播放图片，欣赏运河的景色 提问：关于大运河的由来，你知道多少？ 介绍运河的前世今生及空间布局： 　　大运河跨越2 500年，全长3 200千米，涉及6省2市，30余座城市。2014年6月22日，中国大运河被联合国教科文组织列入世界文化遗产名录，成为中国第46个世界遗产项目。从空间布局来说，大运河有一条主轴，五大运河片区，六大文化高地。	观看图片及材料，运用所学回答问题。	通过对运河前世今生的回顾，帮助学生从整体上认识大运河。	多媒体	

| 和谐，让教育向美而生 | 了解运河沿线的风土人情，了解中华传统文化 | 播放图片，介绍运河沿线的典型传统建筑，例如，苏州园林、徽派建筑、河南地坑院、北京四合院等帮助学生了解运河文化的丰富多彩。
提问：你还了解运河沿线的其他风土人情吗？

播放视频：戏曲大联唱
提问：你能猜出来几种戏曲？
展示图片，了解传统戏曲。

 | 学生介绍运河沿线的传统建筑，认识运河文化的多样性。

通过听戏识曲，了解中华传统文化源远流长、博大精深的特点。 | 了解运河文化的多样性，认识到传承运河文化的必要性和重要性，树立对待中华传统文化的正确态度。 | 多媒体 | |

观点辨析,明确对待中华传统文化的正确态度	观点辨析：中华传统文化是包袱还是财富？ **辨析：包袱 or 财富？** 观点1　　　观点2 传统文化是财富。它架起了我们前进的阶梯，维持着我们的社会秩序，增强着我们的民族认同感，为我们的精神提供了栖息之所。如果没有传统文化，我们将失去精神家园。 传统文化是包袱。它是一种惰性力量、保守的因素。它钳制着我们的交往方式和思维方式，控制着我们的情感体验和审美情趣，制约着我们的价值取向。 我的观点？ 分析对待传统文化的正确态度： 取其精华、去其糟粕、推陈出新、革故鼎新	小组合作探究问题。 观看图片体会文化。	通过小组合作，分析讨论，既能让学生对运河文化有更加深入的了解，同时又能加强学生合作交流的水平，提升学生的思维能力。	第二章　和谐育人——学校课程体系构建
聚焦通州体味文化	播放图片，介绍通州运河文化： 舌尖上的"非遗"美食——糖火烧 通州八景之一"柳荫龙舟" 民间艺术"运河号子" 展示材料，介绍"运河号子" 　　原本流传于山东等地的"南方"漕运号子，也因此随着漕船，沿运河来到通州，既满足了广大船夫在漕运码头的劳作需要，又在北京留下了山东民间音乐的深刻印记。2006年，通州运河船工号子入		多媒体	
保护文化遗产,传承运河文化	选北京市首批非物质文化遗产。北京市委市政府制定了《大运河文化带建设五年行动计划》，努力把大运河文化带打造成中国乃至世界标志性文化品牌，运河号子、运河瓷画、运河书法绘画等非物质文化遗产，也将会发扬光大，分享给世界民众。 提问：1.保护文化遗产，要不要商业化？ 2.保护文化遗产，有哪些可行的措施？	阅读材料分析解读思考问题。	通过聚焦通州的运河文化，帮助学生体会文化，认识到保护文化遗产的重要性，同时树立起文化自信和民族自豪感。	
传承运河精神,树立文化自信	播放视频：《感受运河文化，增强文化自信》 介绍世界文化名片——大运河 　　习近平总书记指出大运河所负载的民族精神、文化思想，是根脉深广、绵延不绝的中华文明的结晶和象征。大运河是祖先留给我们的宝贵遗产，是流动的文化，要统筹保护好、传承好、利用好。	观看视频，回答问题：如何将运河文化发扬光大，如何传承利用好运河精神？		

板书设计

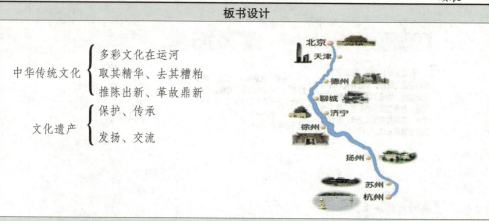

中华传统文化 { 多彩文化在运河 / 取其精华、去其糟粕 / 推陈出新、革故鼎新

文化遗产 { 保护、传承 / 发扬、交流

北京 天津 德州 聊城 济宁 徐州 扬州 苏州 杭州

学习效果评价设计

评价方式、方法

在学习评价方面，主要从以下几方面进行考查。第一，学科知识的掌握情况；第二，情感态度价值观的认可度；第三，课堂参与的积极程度；第四，课后作业的实效。

本次作业设计主要遵循了层次性原则、集约性原则、实践性原则和创新性原则，重点关注学生对于课堂内容的理解程度，重点考查学生分析解决问题能力的提升。课后作业采取探究开放型模式，不仅考查学生对于社会热点的关注度，同时考查学生综合探究、分析解决问题的能力。

以英语学科陈玉老师*Module 3 Unit 5 Canada—"The True North"* 词汇学习课例为例。

指导思想与理论依据

1．《普通高中英语课程标准》（以下简称《课标》）七级目标对词汇的要求标准：理解话语中词汇表达的不同功能、意图和态度等，并运用词汇描述行为和特征、说明概念等。本教学设计通过设置有关加拿大及重点城市的问题引导学生关注重点话题词，并且围绕"用英文介绍一个城市或地区的概况"这一主题，利用功能词汇描述地理环境，如方位、面积、人口等，以及地区特点和人文活动，体现了词汇学习中的"语用"。

2．《课标》提出要优化学习方式，使学生通过观察、体验等积极主动的学习方法，发展自我学习的潜能。依据此指导思想，本教学设计在呈现、聚焦、操练和运用4个环节中，通过问题、看图填空、选择题、完成句子、单句翻译、口头介绍长城以及笔头介绍通州等形式多样，有梯度的课堂练习活动，让学生自我观察并总结目标词汇的意义、形式和用法，体验目标词汇在句子、语段、语篇等不同语境下的运用。

3．《课标》提出教师要加强对学生学习策略的培养，帮助他们形成自主学习能力。本教学设计将搭配法、语境猜词与教学内容的特点相结合，渗透于教学过程的实施中，体现了对学生词汇学习策略的培养。

和谐，让教育向美而生

教学背景分析

本单元是人教版高中英语第三模块第五单元，中心话题为李黛予等人在加拿大的旅游经历。学生通过本单元学习，了解加拿大的一些概况，包括面积、地貌、城市、人口、生态环境和人文活动等。通过前两个课时对A Trip On "The True North" 的阅读，学生明确了课文的主要内容是记述李黛予和刘倩去加拿大看望表兄妹的旅途见闻，涉及了加拿大的地理环境、各大城市特点以及人文活动等。

本节课是本单元的第三课时，是课文阅读理解之后的词汇学习。本节课重点学习以下词汇：be located in, be wealthy in, be surrounded by, measure, be impressed by, scenery

教学目标

At the end of the class, students will be able to :

1.Get the forms and meaning of the target words;

2.Introduce a place by using the target words properly and correctly.

教学过程

教学环节	教师活动	学生活动	设置意图	时间安排
导入与呈现	● T: revise the key information of reading text by asking the following questions: Q1: Can you say something about Canada? Q2: What cities did they arrive in along the trip? Q3: Which city do you think impresses you most? Why? ● T: List the sentences with target words on PPT and have the students pay attention to the word form of each one. 1. Canada is located in the north of America Continent. 2. It is wealthy in fresh water because of the Great Lakes. 3. Vancouver is Canada's most beautiful city, which is surrounded by mountains and the Pacific Ocean. 4. Wet climate makes the trees extremely tall,some of which measure over 90 meters. 5. In the Rocky Mountains, people are usually impressed by the great scenery.	Review the content of the text and answer questions . Watch and think of the word form of each key word.	1.回顾文章中的关键信息。 2.从语言学习的"语用"角度，引导学生主动地去关注一些传达主要信息的词汇。 3.引导学生从对信息的关注转向对语言的关注。 4.聚焦、关注本节课的目标词，引入本节课的教学内容。	5分钟

和谐，让教育向美而生

聚焦

● T: ask the students to put the target words into two groups

To describe the location, direction and size of a place	To describe the features(特点/特征) of a place
*be located in *be surrounded by *measure	*be wealthy in *be impressed by *scenery

Divide the target words into 2 groups according to their usage.

1.从词汇的"语用"角度，将目标词汇分类。

15分钟

● T: use different forms of exercises to lead the students to learn and summarize the meaning and usage of target words by their own practice.

* wealthy and wealth

Choose the right meaning

1.Toronto is the most wealthy city in Canada. (   )

2. He has great wealth. (   )

3. China is wealthy in resources.(   )

4.She has a wealth of knowledge about plants. (   )

A. be rich in

B. a large number/ amount of

C. rich

D. money/ fortune

* impress

Underline the verb part of each one.

1. What he said impressed me a lot.

2. I was deeply impressed by / with what he said.

3. What he said made a deep impression on me.

* scenery, scene, view

Match the sentence with the right picture.

1.Guilin is famous for its fine scenery.

2.The scene after the earthquake was horrible.

3.We've got a fine view of Vancouver from the plane.

To learn and summarize the meaning and usage of target words by their own practice or experience.

2.学生在自我观察体验和归纳中，逐个发现目标词汇在不同语境中的意义和形式变化，突出词汇学习策略。

3.培养学生自主学习的能力。

教学阶段	教师活动	学生活动	设置意图	时间安排
操练	● T: Give the students more exercises with different levels to practice using the target words. Exercises are including: Multiple choices 1）Filling in the blanks 2）Sentence making 3）Translating a short paragraph ● Group work Ask the students to work in groups to introduce China with the given information and target words correctly and properly. **China** <table><tr><td>Location</td><td>＊ The east of Asia; surrounded by the oceans in the east and south</td></tr><tr><td>Size</td><td>＊ 9.6 million square meters</td></tr><tr><td>Population</td><td>＊ 1.3 billion</td></tr><tr><td>Capital</td><td>＊ Beijing …</td></tr><tr><td>Features</td><td>＊ natural resources; beautiful mountains and rivers ＊ The Great Wall …</td></tr></table>	Finish the given exercises by using the target words correctly. Work in groups to introduce China with the given information and target words learnt today.	通过单句、语段到语篇三个层面的操练，帮助学生进一步巩固目标词汇的理解和运用，为课后的延展写作环节做好语言铺垫。	15分钟
运用	● Further practice Suppose your pen friend, Peter, has come to visit you. Now you are giving him a brief introduction of your hometown, Tong Zhou. （1）通州区位于北京市东南部，被称为首都的东大门。面积907平方千米，人口为129万。 （2）通州区水资源丰富，共有13条河流，最著名的是大运河。近几年，区政府采取了措施，清理并拓宽了河道，在周围地区新建了运河文化广场、奥林匹克公园。 （3）运河沿岸的美丽景色吸引了许多游客来参观，并给他们留下了深刻印象。	Introduce Tong Zhou with the target words correctly and properly.	将本课的目标词汇巩固内化，形成逻辑表达。	8分钟

| 展示与评价 | Ask Ss to give their presentation and lead the students to give proper assessment | Give some assessment | 展示、评价与总结 | 2分钟 |

板书设计

Module 3 Unit 5 Canada—"The True North" Word Study

1. Be located in	1. Be wealthy in
2. Be surrounded by	2. Be impressed by
3. Measure	3. Scenery

学习效果评价设计

Presentation assessment

评价项目	Excellent (3 points)	Good (2 points)	Ok (1 point)
Cover all of the key words			
Use the key words correctly			
Express ideas in a logical way			

形成性评价

I am able to do the following things	Very well (Above 85%)	Well (75–85%)	Only with the help of the others (60–75%)	Need to work harder (Below 60%)
summarize the meanings and uses of the key words				
Finish the group–work with members				
Give an oral introduction of China				
Percentage				

反思

"爱国、敬业、诚信、友善"是公民个人层面的价值准则，是社会主义公民的基本道德规范，贯穿各个方面，是每个人的基本价值追求。而"爱国"更是重中之重，所谓爱国，离不开责任心，责任心是指个人对自己和他人、对家庭和集体、对国家和社会所负责的自觉态度。本节课的教学活动带领学生了解祖国的文化遗产——万里长城，和家乡的文化遗产——京杭大运河的历史、发展及现状等背景。并通过多种练习，帮助学生能够运用本课所学的词汇，用英语独立介绍长城和大运河的相关知识。这一过程不仅增加了学生对家乡文化的了解，同时，也鼓励他们对家乡文化遗产的宣传和保护。

（四）多元的社团活动与课后服务课程

1. 多元的社团活动

学校以学生社团为依托，积极丰富艺、体、技等各类课程。科技类课程有航天、无人机、人工智能、机器人、三维设计、模型类、金工、木工，生物、物理、化学、地理等；体育类课程有足球、篮球、排球、田径、健美操等；艺术类课程有篆刻、书法、粉笔画、国画、油画等，丰富多彩的社团活动为培养学生兴趣、习得关键能力、养成必备品格提供了营养丰富、风味独特的"自助餐"。

目前学校有汇学轩（篆刻）、非白阁（粉笔画）、摄影社、YH-DANCE（健美操、舞蹈）、机器人社团、航天社团、烘焙创作与体验社团、春雨文学社、模拟政协社团、造物坊等30余个学生社团，学生自主探索，深入参与，体验"亲自下厨"的乐趣。

以我校高中创新中心正在研发的传统工艺系列化校本课程之一的《手工木作、以木传情》课程为例。2022年11月，该课程被认定为"北京市普通高中特色课程"。

课程名称：中国传统工艺——手工木作、以木传情

授课对象: 面向全体高中学生，主要针对高一善于创新、动脑动手能力较强、对传统工艺实践探究活动感兴趣的学生开设。

课程负责人：曹莹莹。

授课教师：曹莹莹。

课程简介：

中国传统工艺《手工木作、以木传情》课程属于运河中学高中创新中心正在研发的传统工艺系列化校本课程（见图2-5）中的手工木作、以木传情课程。为了增强课程的适应性，本课程在遵循通用技术课程方案和课程标准的基础上，在确保实现国家课程"立德树人"育人目标的前提下，调整和细化课程目标和内容，以设计与制作实践拓展活动为主，与其他中国传统工艺三大系列课程并列，在后继课程开发完善中，可综合其他三大系列课程开发课题或挖掘我国其他传统工艺，形成新课程，在同一课程不同主题中加深培养创新性思维，提升技术核心素养，同时为今后学生兴趣发展和职业选择提供基础的理论学习和实践探究平台，适宜运河中学"和谐发展教育"的办学理念。

图2-5　中国传统工艺系列课程

图2-6　《手工木作、以木传情》课程

　　本课程以高中通用技术课程部分内容学习为基础，倡导学生使用"项目实践式学习"和"基于情境、体验式的互动式学习"，调整、拓展、补充、整合中国传统工艺系列课程相关内容，进行跨学科、跨领域课程系统设计。其中《手工木作、以木传情》课程分为以上六大模块（见图2-6），涉及技术学习、魅力木作赏析、实践演练、创意设计与制作、汇报总结等内容，共16课时，利用学校每周1节固定的研究性学习（或校本课程学习）时间组织学生开展实践活动。

　　《手工木作、以木传情》课程主要以传统木工工艺为技术基础，创新设计与制作风铃和生活用品等模型，一方面可以让学生了解传统木工工艺的一般知识，经历传统木工工艺的项目制作与探究的实践体验，在此基础上进行创新再设计，领略传统工艺的文化意蕴和技术特征；另一方面又可以提高学生的学科核心素养，进行"创意"设计、操作学习，立足实践、注重创造，体现科技与人文相统一，强化学生手脑并用与知行合一。

和谐，让教育向美而生

（1）背景分析

①课程建设的依据

A.新课标要求

《普通高中通用技术课程标准（2017年版，2020年修订）》中指出高中通用技术课程以提高学生的学科核心素养为主旨，以设计学习、操作学习为主要特征，是一门立足实践、注重创造、体现科技与人文相统一的课程。通用技术课程包含必修课程、选择性必修课程和选修课程，其中选修课程就包含传统工艺及其实践，课标中指出本模块旨在帮助学生了解传统工艺的一般知识，经历传统工艺的项目制作与探究的实践体验，领略传统工艺的文化意蕴和技术特征，培育工匠精神。同时，中共二十大报告指出，"坚持创造性转化、创新性发展，以社会主义核心价值观为引领，发展社会主义先进文化，弘扬革命文化，传承中华优秀传统文化"。以中国传统工艺为主题，将传统文化与通用技术课程融合，在课程中注重学生的设计学习和操作学习能力，提升学生技术核心素养的同时弘扬中华优秀传统文化。

传统工艺是人类长期以来采用特定工具与方法进行手工制作的经验凝练和积淀，体现了技术与艺术的有机结合，融入了丰富历史与文化元素，是技术实践体系的重要组成部分。对中国传统工艺的学习是劳动活动的一种，属于生产劳动，其较为开放的系列课程以不同技术的基本知识和基本技能为主，在不同项目的创新实践中，形成和保持对传统工艺的兴趣和学习愿望，侧重培养学生的实践能力、创新精神、技术素养，树立正确的劳动价值观，养成吃苦耐劳、专心致志、不懈坚持的劳动品质，敬重传统手工艺者。

B.学校办学理念

运河中学秉承"和谐发展教育"的办学理念，坚持"一切为了学生发展"的办学宗旨，以"办人民满意的学校"为办学目标，以"让每个学生都精彩"为教育愿景，构建"多层次目标、多样化内容、多元化评价"有学校特色的课程体系、开发校本选修课程，以课程体系建设为依托进行教学方式和评价方式改革，坚持立德树人根本任务，积极开发学生行动潜能，培养有理想、有本领、有担当的时代新人，让学生成为最优秀的自己。

C.创新中心情况及特色

2016年，学校成立"运河中学创新中心"，组建科技教育教师团队28人，其中正高级教师、特级教师2人，市级骨干2人，区级骨干2人，区青年骨干5人。

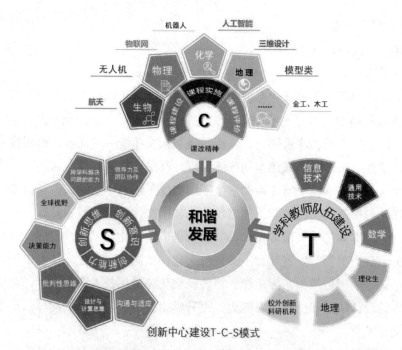

机器人　人工智能

物联网　三维设计

无人机　模型类

航天　金工、木工

创新中心建设T-C-S模式

图2-7　运河中学创新中心T-C-S科技教育体系

中国传统工艺课程属于运河中学创新中心建设的T-C-S科技教育体系，是运河中学创新中心课程体系下的一个分支（见上图2-7）。运河中学创新中心从开始建设创新空间就确定了如下目标：创新空间面向全体学生，为爱好动手、爱好制作的学生提供一个固定的活动和交流场所；通过各种创新分享活动，鼓励学生主动参与创新实践，研究跨学科的综合性项目，提升技术并交流创意，最终形成一个汇聚创意的场所，让想法变成现实。目前中心主要有：航天、3D打印、机器人、无人机、金工、中国传统工艺、电脑绘画、模型设计师等主要课程。创新中心力求探索出基于课程的创新空间建设的创新教育模式，填补传统教育忽视学生动手能力培养的缺失。

D.学生发展需求

随着社会发展和科技进步，现代学生的学习能力明显增强，学生的发展需求也日益多元化。所以应该围绕技术学科核心素养培育的要求，构建科学合理、功能互补的课程体系，精选课程内容，力求科学性、实践性、时代性统一，关注学生在不同学习方式中的实际获得和行动能力的培养，满足学生现在和未来学习、工作、生活的自身发展需要。课程实施的多样化大大增加了学生的选择性，从而满足不同学生的发展需要，同时也为中学阶段学校多样化发展源源不断地输送新的动力。

为了更好地了解我校学生对《手工木作、以木传情》课程的兴趣和需求，故通过调查问卷的形式随机对高一398名新生进行调查，男女比例5：7，共回收有效问卷369份，有效率为92.71%。本次调查采取实名制纸质答卷、回收统计的方式，共11道题目，包含单选题、多选题、排序题。主要对学生对木作的兴趣、传统工艺木作认知、木作课程需求等方面展开了调查。调查结果显示，将近78%的学生经常有自己动手制作木制品的想法且比较期待课程的开设，完全没想过的学生占比不到3%。在认为是否有必要开设木作课这一问题的调查中只有不到1%的学生选择没有必要，说明学生对传统工艺木作课程有较强的兴趣。且调查结果显示学生认为木作活动可以发展精细动作，可以培养合作意识，可以发展设计产品能力，可以发展解决问题的能力，可以丰富木工相关经验，可以发展审美。对于木作课程，学生选择的最想实践的内容排序是生活用具、童年玩具、木雕、简易家具、学习用具。结合调查结果，课程体系尝试探索符合本校资源条件、本年龄阶段学生发展及需求特点的木作课程体系，从而更好地为学生兴趣和发展提供指导，帮助学生提高创新设计能力和动手操作能力，丰富学生的校园生活，实现自我价值。

E.学习资源开发

木工属于我国的传统工艺。在通用技术必修1《技术与设计1》第五章制定设计方案中的第三节内容是常见的材料及其加工工艺，木材便是常见材料之一，因此对木材加工方式的学习可以为学生的设计学习的实践扩宽途径。通用技术课程包含必修课程、选择性必修课程和选修课程，其中选修课程就包含传统工艺及其实践，课标中指出本模块旨在帮助学生了解传统工艺的一般知识，经历传统工艺的项目制作与探究的实践体验，领略传统工艺的文化意蕴和技术特征，培育工匠精神。

基于上述背景，运河造物坊社团开设《手工木作、以木传情》校本实践拓展活动课程，创意设计与制作风铃和生活用品等模型，开展传统手工木作系列课程学习——了解木工工艺和木材种类、T形七巧板实践演练、赏析木作和榫卯结构、鲁班锁制作、创意设计与制作风铃和生活用品、课程汇报总结等，通过体验木工项目实践活动体会其中蕴含的独特智慧和人类创造力。获得初步的职业体验，形成初步的职业意识和生涯规划意识。

②课程开发的目的和意义

A.对社会发展的意义

传统工艺在数千年的漫长演变过程中形成了一系列鲜明特点，集中体现了中华民族的价值取向、审美追求、工艺思维、用物观念，成为当今设计及文化产业发展的内在力量。二十大对弘扬中华传统文化高度重视，二十大报告中明确提出，全面建设社会主义现代化国家，必须坚持中国特色社会主义文化发展道路，增强文化自信。作为文化强国战略的基础保障，文化自信自强离不开对传统文化的传承与创新。传统工艺作为中华传统文化的代表，通过"传统工艺进校园"推进中华传统工艺和文化在青少年中获得传承与发扬，是增强文化自信，响应文化强国战略的必要措施。同时，打造传统工艺系列课程弘扬传统工艺的价值，才能在"博物馆"式的留存之外，为其找到更广阔的发展空间和更富有动力的发展道路。

B.对学校发展的意义

学校是中华传统文化传承的重要载体，我校重视传统工艺的师资，对于传统工艺木工校本课程的开设有一定的场地和设备，有利于学校弘扬传统文化。通过本系列课程设计、开发、实施策略和途径的研究，以期形成一套较完整的课程建构模式，以此为基础，进一步建设完善运河中学科学技术拓展活动类课程系列，形成规模效应，进而向国家课程校本化方向发展，以传统工艺系列特色课程的开发促进学校特色化可持续发展，实现学校立德树人的育人价值和"一切为了学生发展"的办学宗旨。

C.对教师发展的意义

在校本课程开发的过程中，教师首先要改变自己的知识结构，要学习相对应的课程技术知识，边学习边实践。其次，教师参与校本课程的开发能够提升教师的教学科研水平，通过持续地学习和实践，在实践中学习，在实践中提升，在落实传统木工工艺课程中，提升自己的教学技能。教师的课程开发水平提升了，教学科研水平也就得到了提升。最后，通过校本课程开发，教师的特长、个性可得到充分展示，教师的积极性和创造性得到充分调动，促使教师持续发展和完善。

D.对学生发展的意义

传统工艺项目中蕴含着巨大的教育力量，具有自己内在的含义。传统工艺不管是在形式上还是在内容上，都是劳动人民按照自身的思想感情以及生活习惯创作出来的，将有效地突破传统思维的禁锢，通常表现出独特的风格。在学校开设传统工艺木工校本课程，学习相关知识，学生可以根据自己的理解和思想自由地创作，有助于激发学生的创造性思维，强化学生的创新意识。在木作课程实践中，学生近距离地接触自然，通过触觉、视觉、听觉、感觉各种感官来感受木材，更好地接触生活中的美，帮助学生建立完善的审美意识。木作作品制作由易到难，对于制作稍复杂物件，在制作之前需要先规划并制图，十分考验学生的思考和系统规划的能力。同时在实践中，学生可以更好地体验木作作品创造的情感，感受传统工艺的魅力，提升学生解决问题的能力和技术素养，培养学生的耐心和艺术修养。同时为今后有意于在木作方向发展的学生，提供基础的技术学习和实践探究平台。

③校本课程开发的性质、理念和原则

A. 校本课程开发的性质

中国传统工艺——木工的学习属于技术教育，也是劳动者智慧的结晶。技术教育是素质教育的基本组成部分，是学生技术素养形成的重要途径，对落实立德树人根本任务、实施国家创新驱动发展战略、弘扬中华优秀传统文化和提高全民技术素养都具有重要的作用。本课程，以提高学生的技术核心素养为主旨，以设计学习、操作学习为主要特征，是一门立足实践、注重创造、体现科技与人文相统一的课程。课程有助于学生通过技术实践活动构建默会知识和程序性知识；有助于强化学生手脑并用与知行合一，增强技术思想和方法的学习与运用，发展工程思维和创造能力；有助于学生图样表达和物化能力的培养，提高解决技术问题的综合能力；有助于增强学生对技术文化的理解，形成良好的技术理性和个性品质。

B. 校本课程开发的理念

a. 着力培养学生所必备的学科核心素养

中国学生发展核心素养是党的教育方针的具体化、细化。为建立核心素养与课程教学的内在联系，充分挖掘课程教学对全面贯彻党的教育方针、落实立德树人根本任务、发展素质教育的独特育人价值，基于技术学科本质和技术核心素养，明确了学生学习该课程后应达成的正确价值观、必备品格和关键能力，对知识与技能、过程与方法、情感态度价值观三维目标进行了整合。为避免单一、机械的技能学习，课程还围绕核心素养的落实，精选、重组课程内容，设计实践活动，着力培养学生树立正确的价值观，促进必备品格与关键能力的提升，积极理性地参与技术活动，成为适应时代发展要求的技术使用者和创造者。

b.构建结构合理、满足学生多样化发展需求的课程体系

最大限度地提供多维度的课程内容。从学生的日常生活需要、工科潜能发展、职业发展以及技术创造兴趣等角度展开，兼顾传统工艺与现代技术、技术的分化与综合、国家课程与校本课程等方面进行课程设计，以满足学生的不同发展需求，促进学生全面而有个性地发展。

c.注重科技与人文的有机融合，突出实践能力、创新思维和工匠精神的培养

课程通过技术设计与技术探究等，强化科学原理的运用；通过对技术所蕴含的经济、道德、法律、伦理、心理、环境、审美等因素的综合分析，深化技术认识，开拓文化视野。充分利用课程，发展学生对知识的整合、应用、物化和解决技术问题的能力，提高学生的实践能力。营造体现创新文化的教育环境，通过丰富多彩的设计性、探究性、创造性活动，激发学生的开放性、批判性思考和创造性潜能，使学生的创新意识、创新思维得到进一步发展。通过作品制作、工艺实践、技术试验、方案物化及优化等，培养学生严谨细致、精益求精、追求卓越的工作态度，注重培育学生的工匠精神。

d.倡导核心素养理念引领下的多样化学习方式

课程以技术核心素养的培养为导向，倡导以学生为中心、实践为核心的多样化学习方式。根据学生的身心发展规律和技术学习特点，立足学生的直接经验和亲身参与，充分利用现代信息技术，精心设计和组织学生的学习活动，注重创设与学生已有经验相联系的多样化学习情境，采取自主、合作、探究等学习方式，进行技术体验、技术设计、技术制作、技术试验等实践活动，促进学生学科核心素养的形成与发展。

e.建立学习结果与学习过程并重的评价机制

课程的评价提倡学习结果与学习过程的统一。既关注学生技术知识掌握、实践技能习得、技术作品形成等，也关注学生技术思想方法、情感态度价值观的发展情况，还关注学生技术学习活动中技术经验的积累、原理的运用、方法的融合、设计的创新、技能的迁移、文化的感悟等，努力实现教、学、评三者的有机统一。

C.校本课程开发的原则

a.坚持正确的政治方向

坚持党的领导，坚持社会主义办学方向，充分体现马克思主义的指导地位和基本立场，充分反映习近平新时代中国特色社会主义思想，有机融入坚持和发展中国特色社会主义、培育和践行社会主义核心价值观的基本内容和要求，继承和弘扬中华优秀传统文化、革命文化，发展社会主义先进文化，加强法治意识、国家安全、民族团结、生态文明和海洋权益等方面的教育，培养良好政治素质、道德品质和健全人格，使学生坚定中国特色社会主义道路自信、理论自信、制度自信和文化自信，引导学生形成正确的世界观、人生观和价值观。

b.坚持反映时代要求

反映先进的教育思想和理念，关注信息化环境下的教学改革，关注学生个性化、多样化的学习和发展需求，促进人才培养模式的转变，着力发展学生的核心素养。根据经济社会发展新变化、科学技术进步新成果，及时更新教学内容和话语体系，反映新时代中国特色社会主义理论和建设新成就。"坚持创造性转化、创新性发展，以社会主义核心价值观为引领，发展社会主义先进文化，弘扬革命文化，传承中华优秀传统文化。"

c.坚持科学论证

遵循教育教学规律和学生身心发展规律，贴近学生的思想、学习、生活实际，充分反映学生的成长需要，促进每个学生主动地、生动活泼地发展。加强调查研究和测试论证，广泛听取相关领域人员的意见建议，重大问题向权威部门、专业机构、知名专家学者咨询，求真务实，严谨认真，确保课程内容科学，表述规范。

d.坚持继承发展

对十余年普通高中课程改革实践进行系统梳理，总结提炼并继承已有经验和成功做法，确保课程改革的连续性。同时，发现并切实面对改革过程中存在的问题，有针对性地进行修订完善，在继承中前行，在改革中完善，使课程体系充满活力。

（2）课程目标

①总目标

通过本课程的学习，学生能获得未来发展、终身学习、美好生活和担当民族复兴大任所必需的技术核心素养，成为有理念、会设计、能动手、善创造的社会主义建设者和接班人。学生在课程学习中，经历传统工艺木工设计的全过程，形成对技术的亲近感、敏感性、理性精神、责任意识，形成一定的方案构思、图样表达、材料选择和物化能力；能够领略传统工艺的文化意蕴和技术思想，形成初步的系统与工程思维，发展创造性思维，养成用技术解决实际问题的良好习惯；体验技术问题解决过程的艰巨性和复杂性，养成实事求是、严谨细致、精益求精、追求卓越的工作态度，培育工匠精神，增强劳动观念，具备初步的职业规划和创业意识，形成与技术相联系的安全意识、规范意识、伦理意识、环保意识、质量意识、经济意识和创新意识。

②分目标

A.了解木工工艺特点和常见木材的种类、特性与主要用途。了解专业教室使用规定和管理方法。了解和掌握基本加工工具、设备，能运用传统木工技术设计、画图、画线、锯割、打磨等技术方法。欣赏木制品，了解木制品的结构、功能及市场价值与人文价值，感受木作的魅力。

B.以渐进式的项目主题进行学习，体验木工工艺的制作过程，形成对技术的亲近感、敏感性、理性精神、责任意识，养成实事求是、严谨细致、精益求精、追求卓越的工作态度。学生逐渐养成自主思考的能力，自主设计图纸、自主选择对应的工具进行创作活动。学生在经历了项目探究、具体实践的基础上，进行体验、感悟技术与创造力。最终达到通过本课程的学习，学生能够独立设计、选择材料和工具，制作完成一个木工作品的目标。

C.教师逐步提升课程建设能力，明确课程目标渗透素养教育，课程内容符合技术学科本质，课程活动满足学生需求，课程实施突出实践性。

（3）课程内容

《手工木作、以木传情》课程属于运河中学创新中心研发的中国传统工艺系列化校本课程（见图2-5）中的一个系列课程分支。

课程的章节安排上遵循由简到繁、由易到难的循序渐进的原则，以学生为本，涉及技术学习、魅力木作赏析、实践演练、创意设计与制作、汇报总结等内容，共16课时。实践项目从学生偏爱且熟悉的实物出发，共4个实践项目，分别是:T形七巧板的设计与制作，鲁班锁的设计与制作，十字瑞兽风铃，创意生活用品的设计与制作。每个项目的实践中，均有新知识、新技能的学习任务，逐渐上升到创意设计。具体教学内容、目标计划可参见下表2-8。

表2-8 《手工木作、以木传情》课程教学内容、目标计划

主题/单元	课时	教与学目标	内容和/或活动
第一模块 工艺和木材 ——技术学习	3	第1课时 ①了解专业教室使用规定和管理方法，强调安全注意事项。 ②近距离地接触自然，通过触觉、视觉、听觉、感觉各种感官来感受木材，观察生活中的木作品，更好地接触生活中的美，以了解常见木材的种类、特性与主要用途。 ③打卡小任务，了解常见木工加工工具的使用与维护。	
		第2、3课时 ①了解拼图板的由来和发展，依据T型七巧板图纸制作T型七巧板。 ②对每一块拼图进行打蜡。 ③了解总课程的学习任务。布置第二模块任务。	任务目标： 1.知道拼图板益智游戏起源于中国，树立民族自豪感。 2.掌握木工基本加工工具的使用，如直角尺、画线笔、台虎钳、手锯、锉刀，体验木工的基本加工步骤。 3.掌握表面打蜡的作用，进行体验活动，完成项目打卡。 4.课前布置任务，为有目的参观赏析做铺垫。
第二模块 魅力木作 ——赏析	2	第1课时 ①参观文旺阁木作博物馆的不同展馆，了解不同木制品的结构、功能及市场价值与人文价值，感受传统工艺的魅力。 ②根据参观内容和查阅网上资料，图书馆书籍，以组为单位完成下节课任务。	
		第2课时 ①组1讲解木制品构件间的结合方式，组2补充，体验合作探究的过程，落实探索实践力。 ②组3分享本组感兴趣的榫卯结构和案例，组4补充，了解中国传统木工榫接技术，领略传统工艺的文化意蕴和技术思想，形成对技术的亲近感、敏感性、理性精神，完成项目打卡。	

主题/单元	课时	教与学目标	内容和/或活动
第三模块 鲁班锁 ——初步实践	3	第1至3课时 1.认识、识读鲁班锁的工程制图（三方组仕口，六子联方）。 2.学会选择恰当的材料和工具，正确使用工具制作鲁班锁（三方组仕口），掌握制作方法。 3.布置第四模块任务。	任务目标： ①了解鲁班锁的结构，掌握简单工程制图的识读；知道李克强精心选择"鲁班锁"赠送默克尔的"深意"，木作传达的感情。 ②明确模型尺寸，选择相应木材。 ③掌握传统木工刨、木工凿的使用及维护，养成实事求是、严谨细致、精益求精、追求卓越的工作态度，完成项目打卡。
第四模块 十字瑞兽风铃 ——深入实践	4	第1至2课时 1.学生介绍展示我国传统的瑞兽。 2.教师介绍更多经典榫卯结构：十字枨、燕尾榫、三根直材交叉接合、格肩榫等。	任务目标： ①学习中国传统瑞兽的相关知识，了解中国传统瑞兽丰富的美学意义和祥瑞思想。 ②感受经典榫卯结构魅力，了解结构间力的作用。
		第3至4课时 1.依据上节课展示和经典榫卯结构介绍，设计并绘制十字瑞兽风铃草图和工程制图。 2.掌握曲线锯的使用，制作十字瑞兽风铃。	任务目标： ①融入瑞兽，设计风铃榫卯结构，传达美好寓意情感。 ②制作风铃，解决制作中出现的问题，形成对技术的亲近感、敏感性、理性精神、责任意识，形成一定的方案构思、图样表达、材料选择和物化能力，完成项目打卡。
第五模块 创意生活用品 ——综合应用	3	第1至3课时 1.教师展示生活中的创意木作品，学生观察创意点，发现生活美，明确设计要求与定位，综合运用木工制作知识，考虑项目时间，组员分工自行设计和制作。 2.了解硬木木料，能够结合木料特性进行设计。	任务目标： 1.学生以组为单位，经历项目探究、具体实践，更好地体验木作品创造的情感，培养创新精神和综合运用能力。 2.学生逐渐养成自主思考能力，自主设计图纸、自主选择对应的工具进行创作活动，提升物化能力，完成项目打卡。 3.系统规划项目流程、合理分工，养成工程思维。

和谐，让教育向美而生

主题/单元	课时	教与学目标	内容和/或活动
第六模块 汇报总结	1	1.了解设计的评价，制定评价量表。 2.展示得意作品，与同学们评价、交流、反思。 3.总结整个课程的学习过程，进行报告撰写，汇报学习成果。 4.把课程成果引入通用技术课内教学课堂，通过录制微课、教师研究课、校本课程展示等平台，推广课程成果展示，提高课程成果的影响力。	

（4）课程实施安排与建议

①课程开设计划及课时安排

本课程分为六大模块，涉及技术学习、魅力木作赏析、实践演练、创意设计与制作、汇报总结等内容，共16课时，利用学校每周1节固定的研究性学习（或校本课程学习）时间组织学生开展实践活动。

A.第一模块为工艺和木材——技术学习，3课时。

第1课时，教师介绍专业教室及专业教室使用规定、管理方法，强调安全注意事项。学生近距离地接触自然，通过触觉、视觉、听觉、感觉各种感官来感受木材，同时观看微课，了解常见木材的种类、特性与主要用途。学生观察生活中的木作品，更好地接触生活中木作传达的美，教师介绍并操作常见的木工加工工具和电动工具，讲解使用与维护方法，学生利用肥料打卡小任务，如锯割直线、每隔30毫米画线、平面挑战等，上手演练。

第2课时，教师介绍拼图板的由来和发展；学生拼玩T型七巧板图，并用纸绘制、制作T型七巧板，掌握木工基本加工工具的使用，如直角尺、画线笔、台虎钳、手锯、锉刀，体验木工的基本加工步骤。

第3课时，学生对每一块拼图进行表面打蜡处理，通过实践了解打蜡的作用。打蜡后的作品展示，重点点评工艺。教师介绍总课程的学习任务并布置第二模块课前任务。

B.第二模块为魅力木作——赏析，2课时。

第1课时，教师带学生参观文旺阁木作博物馆的不同展馆，了解不同木制品的结构、功能、市场价值与人文价值，感受传统工艺的魅力。学生根据参观内容和查阅网上资料/图书馆书籍，以组为单位完成下节课任务。

第2课时，组1讲解木制品构件间的结合方式，如榫卯结合、胶结合、螺钉结合等。组2补充，体验合作探究的过程，落实探索实践力。组3分享本组感兴趣的榫卯结构和案例。组4补充，了解中国传统木工榫接技术，领略传统工艺的文化意蕴和技术思想，形成对技术的亲近感、敏感性和理性精神。

C.第三模块为鲁班锁——初步实践，3课时。

第1课时，教师引导学生分析李克强精心选择"鲁班锁"赠送默克尔的"深意"，让学生感受木作传达的感情，开启第三模块的项目实践。

教师介绍两种鲁班锁（三方组仕口，六子联方），学生拆解鲁班锁，观察、了解鲁班锁（三方组仕口）的结构，识读简单工程制图，明确模型尺寸，选择相应木材。

第2至3课时，学生选择恰当的材料和工具，正确使用工具制作三方组仕口，掌握制作方法。最后教师布置第四模块课前任务。

D.第四模块为十字瑞兽风铃——深入实践，4课时。

第1课时，学生以组为代表介绍展示我国传统的瑞兽，深入了解中国传统瑞兽丰富的美学意义和祥瑞思想。教师介绍经典榫卯结构：十字枨、燕尾榫、三根直材交叉接合、格肩榫等。学生简化瑞兽，设计中融入瑞兽，设计风铃榫卯结构，完成草图。

第2至3课时，学生依据设计草图绘制工程制图，选择材料，使用曲线锯去完成瑞兽形态，使用其余木工工具制作风铃，解决制作中出现的问题。

第4课时，学生拆解风铃，对风铃表面涂漆处理。

E.第五模块为创意生活用品——综合应用，3课时。

第1至3课时，在教师的指导下，学生观察并发现生活美，寻找创意点，同时考虑项目时间确定项目主题，明确设计要求与定位，依据组员情况合理分工，设计项目分工计划安排表，综合运用木工制作知识，结合设计的一般原则，以组为单位创意设计和制作生活用品。

活动过程通过照片、视频留痕。成功的实验内容录制成视频、微课，供后期学习使用。

F.第六模块为汇报总结，1课时。

教师讲解设计的评价内容知识，学生制定作品评价量表并以组展示第五模块的创意设计作品，分享制作感悟，师生共同点评创意设计作品，选出优秀组员。

最后学生总结《手工木作、以木传情》系列课程的学习成果，通过社团活动汇报、课堂讲解、撰写设计报告等方式展示交流。

②课程实施的主要途径和方式

A.与社会资源整合，将其发展为系列课程的一项

运河中学创新中心努力挖掘区域优质资源，以主题实践项目和各类丰富的社会实践活动为载体，将"传统工艺项目"丰富的教育资源整合成符合本校学生年龄特征和认知特点的教育内容，强调学生的体验、感受和感悟。学校与退休的专业教师和非遗项目传承人合作，以学科渗透的方式，与校本课程相整合，将一次或一项社会实践活动升级为一门校本课程的活动项目，扎实有效地推进以"传统工艺项目"为特色的中华传统文化教育和核心价值观教育。经过近十年的长期坚持和努力，学校积累了较为丰富的"传统工艺项目"教育资源。在借助社会力量拓展了学校特色课程种类的同时，学校又利用社会资源为专业技能教育师资力量提供了支持和保障。

B.分模块、打卡的任务教学

在以《手工木作、以木传情》为例的校本课程中，把传统工艺木工课程内容延长至一个学年，周课时 1 节，让学生通过深入学习，熟练掌握木工的相关知识。课题组通过多次调研，把相关课程要讲解的内容进行分解和丰富相关课程内容，设计出《手工木作、以木传情》校本课程六大模块，主要模块间的关系如下图2-8所示。

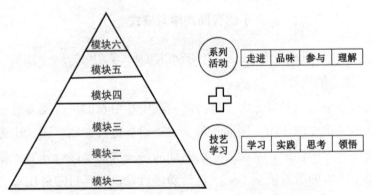

图2-8 《手工木作、以木传情》课程各模块间关系

"模块一：工艺和木材——技术学习""模块二：魅力木作——赏析""模块三：鲁班锁——初步实践""模块四：十字瑞兽风铃——深入实践""模块五：创意生活用品——综合应用""模块六：汇报总结"，前五个模块都有讲解实操，第六个模块为整个课程学习的总结提升。每一个模块的教学有一定递进关

系，过程由简到繁，同时在每一个模块教学中都设置不同打卡任务，模块和打卡教学，可以更好地提升学生的学习兴趣、综合素质，让学生在方寸之间继承传统，学习匠人的技艺精华，也注重学生在创造中发扬光大，古为今用，增强创新意识和创造能力。

C.以小组互助式学习助力课程探究实践

在前期调查中，调查数据显示学生对传统工艺和层面有着不同认知，存在众多差异，采用小组互助式学习，可以逐渐减少差异，共同提升，有利于培养学生的竞争意识和合作精神。同时从技术学科的特点来看，技术学习后期适合小组学习。在第一模块学习中，教师可以根据学生活动情况、接受水平和实操能力进行搭配，采用小组互助式学习模式（详见图2-9）。

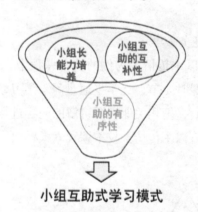

图2-9 传统工艺系列课程小组互助式学习模式

a.小组长能力的培养

每个项目小组应当是好、中、差搭配，其中小组长的调控能力对一个小组的学习起到至关重要的作用。因而教师要对小组长进行专题培训，让他们明白自己在小组学习中的作用，学会对小组互助的每一次活动进行分工、评价与指导。同时每个小组的组长依据不同项目活动进行轮换，其目的是让每个学生都会互助合作。

b.小组互助的有序性

小组互助在实施中应做到每一次合作一定要做到有人说，有人听，有人评，都要做，听要用心，边听边想，等对方说完之后对对方说的内容进行评价，再说出自己的想法，或者将自己的问题抛出来，进行二次思考与交流。这样，每一次

和谐，让教育向美而生

项目活动才能有效展开。

c.小组互助的互补性

每个小组中好、中、差的搭配很有讲究。尤其对于能力稍差的学生，小组内要及时帮助，共同克服困难，迎难而上，保证项目合理、有序完成。

D.推行"基于情境、体验式"的互动学习方式

为满足不同差异学生深度学习的发展需求，落实技术学科核心素养的培养和传统工艺的学习，本课程设计以基于情境、体验式的互动学习为主。高中学生学业较重，大部分学生没有接触过传统木工工艺，但是在生活中看到过或使用过木作品，因此利用生活中的木作品、博物馆中的木作品、专业教室或校园中的木材进行传统木工工艺的了解，走进传统木工工艺是比较好的学习方法。

在每一个项目中安排制作不同木作品的活动，就是在为学生创设实物情境。在学生制作木作品的这个真实情境下，用脑子想、用眼睛看、用手操作、用心感悟，去结合所学体验传统木工工艺的分寸、规矩，感受传统手艺人的匠心、艰辛、作品想传达出的情感，同时学生在"做中学""体验中学"也能领悟到木工工艺用语言所表达不出的天人合一的思想。比如，学生在T型七巧板的选材中，只会考虑木材的面积，在多个模块由浅入深的情境、体验式的互动学习中，在十字瑞兽风铃的项目学习中，学生会慢慢结合木材的纹理、色泽等，甚至会利用木材的缺陷如变色和疤节，将其融入作品的设计与制作中。

学习是一个获得知识掌握技能的过程，需要积极参与，而不是被动接受。有研究者指出，"体验—反思是学生学科核心素养的发生机制，交互—整合是学生核心素养的形成机制，扩展—变构则是学生核心素养的发生机制"。从技术学科核心素养的培养路径来看，实践、体验、做中学、试验是必由之路。因此本课程根据学生通用技术学科核心素养形成过程的特点，设计体验式的传统木工工艺教学活动。学生通过自主、合作、探究等学习方式，完完全全地参与学习过程，真正成为课堂的主角，产生渴望学习的冲动，在项目学习中不断加深对木工工艺技术与文化理解的同时，潜移默化地形成并提升技术核心素养。

③所需配置教学器材建议

技术教育是以设计学习、操作学习等实践学习方式为特征的。其丰富的实践性和创造性，要求通用技术课程的实施具有一定的实践空间和装备保障。

A.授课场所和工具：学校设有面积不小于80平方米的木工专用教室一间，

内部配备专业的听课区和操作区桌椅、多媒体演示设备、材料区置物架、签到表、打卡表，配置木质材料加工所需的刨、锯、凿、锉、磨等手工和电动工具及安全用品。

B.设计与制作材料：配齐配足学生实践操作所需要的常用原材料和耗材，根据课程实施和学生学习需要，建立设备日常维护和耗材定期补充的机制。此外，在校内每年学校都会组织义卖活动，可以通过木工作品的义卖得到一笔收入，补充耗材。同时，学校配备好足够的专业报纸期刊、图书资料、数据库资源等，建设较为完备的课程实施资源体系。

（5）课程评价

①评价原则

A.侧重过程性评价

本课程评价尊重学生的个体差异，关注学生的不同兴趣、不同表现和不同学习需要，采用灵活多样的形式对学生进行考核。在本课程的考核方式上，将采用过程性评价与结果性评价相兼顾的方式，各占50%，其中，过程性评价主要从学生课堂出勤率、课堂表现、作品设计与展示的解说、对他人作品的评价等方面来考虑。结果性评价为学生每次项目结束后提交的打卡任务或作品作为结果性评价。

B.评价内容多元化

a.对学习者进行评价：对个人评价、对合作小组评价。

b.对学习成果进行评价：评价学生制作的作品（学生设计评价量表）、学生设计与制作的活动情况、学生对学习成果的展示交流等。

②评价方案及学分认定

A.课程评价方案

分制：百分制。呈现学生材料的规范、工艺表现、审美判断、操作能力、创意水平、文化理解等技术核心素养发展细则。

a.自评、组评。

b.教师评价：学生取得进步，学生通过努力可以有效解决问题。

B.课程学分认定办法

本课程学习时长为16课时，可获得1学分。学分认定优先考虑学生在五个项目学习中取得的最高分，兼顾平均分、最低分和能否在原有基础上取得进步，60

分以上认定学习合格，获得1学分。

C.评价量表

表2-9　运河中学中国传统工艺校本课程项目活动评价范式

项目评价	评价要素	分项权重	自评分值	组评分值	分项成绩
项目的理解与表达（10分）	1.选题实用性及表达	5			
	2.设计方案及完成情况	5			
实施过程（40分）	3.学生出勤率	3			
	4.活动记录的完整、及时性	5			
	5.学生的操作能力，解决问题能力	10			
	6.小组活动的团队合作精神	5			
	7.每节课任务的执行能力	5			
	8.材料的规范与完整性	4			
	9.规定要求的达成度	5			
	10.组间交流（语言表达能力、反思提升能力）	3			
项目成果（40分）	11.成果（成果完整度、成果科学性……）	20			
	12.现场展示（全员参与情况、语言表达、仪态仪表）	5			
	13.其他收获与体会	5			
	14.成果的创新水平和社会效益	10			
教师评价（10分）	教师评语： 此主题教师评定分数： 教师签名：　　　　　　日期：				
满分值（100分）	项目成绩：				

表2-10 中国传统工艺课程作品成果评价量表参考范式

评价角度	评价程度 惊喜5 非常满意4 满意3 一般2 失望1	评价说明
造型新颖		
色彩漂亮		
功能因素		
人机因素		
文化因素		
材料因素		
工艺因素		
价格因素		
……		

和谐，让教育向美而生

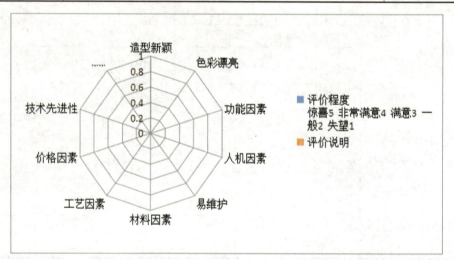

图2-10 中国传统工艺课程作品成果评价雷达图参考范式

（6）保障措施

通州区运河中学进入北京市高中示范校行列后，一直非常重视特色学科和特色课程的建设，尤其是有关中华优秀传统文化系列课程的建设，学校建有专门的专业教室，在高一高二年级开设研究性学习和校本课程。每学期学校组织专业教师自由申报课程项目，安排固定课时。学生依据个人发展需求，自主选择喜爱的课程参与学习。

本课程开发、实施、持续发展的具体条件有下面几方面。

①建立健全学校科技组织机构

加强学校顶层设计，成立科技教育领导小组和"运河中学创新中心"，全面负责学校科技教育工作，建立健全以专任教师为主，以班主任和兼职教师为辅，全体教职员工共同参与的科技教育课程创建工作机制，充分保障科技教育类课程的物质条件、专业教师和专业教室建设，形成科技教育类课程活动规划和管理评价体系，建立健全教研和教研组建设制度、教学质量评价制度、教师专业发展制度等，以保障运河中学科技教育类校本课程的有序开展，培养学生的科学精神、科学意识、创新思维和实践能力。本课程建设所需工具材料、经费、研究时间等，学校都给予了充分保障。

②建设有运河特色的科技教育类课程团队

2016年，学校成立"运河中学创新中心"，组建科技教育教师团队28人，其中正高级教师、特级教师2人，市级骨干2人，区级骨干2人，区青年骨干5人。我们的技术学科教师在学校的大力支持下，积极参与多项高级别的进修学习活动。王友早、曹莹莹老师参加了2018年北京市青少年机器人竞赛骨干教师培训的学习；白英会、张妍老师参加了北京市基于情境化的python系列课程培训；曹莹莹老师参加通州区激光雕刻技术技能研修班，表现突出，成绩优异。老师们在自身专业水平、教学活动开展、社团活动辅导等方面有了显著的提升，能够胜任各种科技教育类课程建设活动的需求。

③硬件保障

我校现设有面积均在80平方米左右的技术教育类专业教室7个。其中木工专业教室一间，内部配备专业的听课区和操作区桌椅、多媒体演示设备、材料区置物架、签到表、打卡表，木工专用教室必要的工具、设备、模型及安全用品，同时配齐配足学生实践操作所需要的常用原材料和耗材，根据课程实施和学生学习需要，建立设备日常维护和耗材定期补充的机制。学校还配备了足够的专业报纸期刊、图书资料、数据库资源等，建设较为完备的课程实施资源体系。课程建设所需的各项硬件需求，学校都可以最大限度地予以支持和全方位的保障。

④专家指导保障

我校各科技教育类的社团均引进校外科技教育等资源，与校外科技教育资源单位建立稳定的协作关系。其中，中国传统工艺《手工木作、以木传情》课程每年都聘请退休教师李金坡老师和校外非遗传承人文旺阁木作博物馆馆长为课程做指导，确保研究成果的先进性和示范性。

（7）主要成效

本课程是运河中学创新中心领导下的运河造物坊社团开设的校本课程，社团成立至今12年，已历经2019—2020年、2021—2022年两轮校本课程的实践检验，取得了显著成绩，受到了广大师生和家长的好评，成为学校特色校本课程。对通用技术学科课程体系构建、教师专业水平提升、学生技术核心素养培养有很重要的作用。

①推动通用技术学科选修课程体系构建

《通用技术》课程是一门立足实践，注重创造、高度综合、科学与人文融合的课程。通用技术课程包含必修课程、选择性必修课程和选修课程，其中选修课程就包含传统工艺及其实践。课标中指出："本模块旨在帮助学生了解传统工艺的一般知识，经历传统工艺的项目制作与探究的实践体验，领略传统工艺的文化意蕴和技术特征，培育工匠精神。本模块由'纸造型工艺''泥、石造型工艺''金属造型工艺''布造型工艺''木造型工艺''琉璃、塑料造型工艺'六个单元组成，可根据需要选择上述相关内容进行教学实践。"因此，通过中国传统工艺《手工木作、以木传情》校本课程的有序开发与实施，可以丰富通用技术选修课程体系的构建，侧重培养学生的实践能力和创新精神，提高学生的技术素养。

②促进教师专业水平提升

在两轮课程实践过程中，团队教师逐步掌握传统工艺类课程设计、开发和实施的科学方法，学会编写实践类校本课程方案，不断增强专业实践指导能力，提高了科研意识和科研品质，提升了技术专业素养。

③增强学生对传统工艺体验学习的热情

在中国传统工艺《手工木作、以木传情》校本课程的学习中，采取的分模块教学设计、多种不同的教学形式、优化师资的配置等多种手段符合学生的阶段特点，难易度适中，激发了学生的学习热情，克服困难的斗志。课程紧紧围绕"全方位、多渠道理解木工工艺的基础上，由校内到校外，体验、传播传统工艺木文化"，学生深深爱上了传统木工工艺，感受到了中华民族传统文化的博大精深，同时学生亲身体验了传统工艺木工的制作方法，进一步激发了学生的学习热情，在实践体验过程中感受非遗传承人的工匠精神。

④增强课程成果影响力

在校本课程的教学中，部分学生动手能力较强，进度会比较快，尤其是进入深入实践和综合应用模块，为了进一步激励学生，围绕科技类竞赛设置项目主题——以赛促训，激发学生创新设计的热情。参赛学生积极备赛均取得了较优异的成绩，吸引了更多想要加入社团的学生，竞赛成果见表2-11。

表2-11　运河造物坊社团木工创意作品近五年获奖情况

年份	获奖情况
2017年	刘星辰、秦培斯同学在"2017年全国青年科普创作实验暨作品大赛北京赛区复赛"中"风能利用"项目中荣获北京市二等奖； 杨宇硕、宛思遥、詹天宇同学制作的"及人桥"在"2017年全国青年科普创作实验暨作品大赛北京赛区复赛"中"未来出行"项目中荣获北京市三等奖； 刘可欣、杨雯涵同学制作的"雾鸣桥"在"2017年全国青年科普创作实验暨作品大赛北京赛区复赛"中"未来出行"项目中荣获北京市三等奖； 周梓博、李爽、侯铮同学制作的"镇安桥"在"2017年全国青年科普创作实验暨作品大赛北京赛区复赛"中"未来出行"项目中荣获北京市三等奖
2019年	张浩然、季旭康的作品"三支鲁班锁创意可拆卸相框"入选"第四届北京市青少年创意市集"，获得"优秀创意奖"； 蒲海航、吴韩、彭蕊组在2019年全国科技活动周"未来工程师"博览活动创意花窗项目获中学组二等奖
2020年	高辰跃、叶雨欣、杨皓深组在2020年全国科技活动周"未来工程师"博览活动创意花窗项目获高中组二等奖； 2020运河造物坊社团被评为五星级社团
2021年	张淳铭、张芷宁、韩子傲等三组同学在"庆祝中国共产党建党100周年"综合实践活动主题案例征集中获一等奖

2022年	刘芷含、王梦琪、杨子鸣组在北京市"未来工程师"博览活动创意花窗项目获高中组一等奖； 王照轩、李依珊等四名同学在通州区运河文化创客挑战赛中荣获中学组一等奖； 付玉等同学荣获北京市植物栽培大赛一等奖

（8）主要特色

①切合当前形势，有利于素质教育和培养学生的创新意识和创造能力，符合新课改精神

习近平总书记在全国教育大会上指出："坚持把立德树人作为根本任务，坚持优先发展教育事业。"并强调"遵循教育规律，坚持改革创新，以凝聚人心、完善人格、开发人力、培育人才、造福人民为工作目标，培养德智体美劳全面发展的社会主义建设者和接班人"。同时，中共二十大报告指出，"坚持创造性转化、创新性发展，以社会主义核心价值观为引领，发展社会主义先进文化，弘扬革命文化，传承中华优秀传统文化"。传统工艺是中华优秀传统文化的表现形式之一，是物化了的文化经典，有着非常丰富的可供探索和挖掘的学习内容，传统工艺课程的开发与实施符合当前形势，有利于素质教育和培养学生的创新意识和创造能力，符合新课改精神。

②凸显实践力的育人价值

传统工艺是人类长期以来采用特定工具与方法进行手工制作的经验凝练和积淀，体现了技术与艺术的有机结合，融入了丰富历史与文化元素，是技术实践体系的重要组成部分。对中国传统工艺的学习是劳动活动的一种，其较为开放的系列课程以不同技术的基本知识和基本技能为主，在不同项目的创新实践中，形成和保持对传统工艺的兴趣和学习愿望，侧重培养学生的实践能力、创新精神，树立正确的劳动价值观，养成吃苦耐劳、专心致志、不懈坚持的劳动品质，敬重传统手工艺者，真正落实立德树人，提升技术核心素养的育人目标。

③多元化的教学组织和教学模式

在教学模式上，以素质教育、工艺知识和发展特长为三个基点，构建一个课内与课外、学科性课程与活动性课程循序渐进的教学模式，采用课内、课外、校内、校外相结合，走出去学习、请进来指导相结合的立体化、多层面、生动活泼的教学组织形式，目的是推动学生广泛参与特色教学活动，在参与中增长智慧和创新能力，学有所长。

在整个教学过程中主打"模块、打卡的任务教学"和"小组互助式学习"助力课程探究实践，将较复杂的传统木工工艺按模块分解成几个简单的实操项目，设置打卡任务，然后引导学生学习这些简单的实操项目，总结过程中出现的问题，熟练工种，优化组合完成复杂操作项目，这样就有效地提高了学生系统分析、解决实际问题的能力。面对存在众多差异的学生，采用小组互助式学习，逐渐减少差异，共同提升，有利于培养学生的竞争意识和合作精神。同时从技术学科的特点来看，技术学习后期适合小组学习，在小组互助式学习中，依据不同项目活动进行轮换，让每个学生都会互助合作，让每一次项目活动都能有效展开。

学生通过自主、合作、探究等学习方式，完完全全地参与学习过程，真正成为课堂的主角，不断加深对木工工艺技术与文化理解的同时，潜移默化地形成并提升技术核心素养。

④多元化的评价方式

在课程评价上，不同于常规的评新模式，评价尊重学生的个体差异，关注学生的不同兴趣、不同表现和不同学习需要，采用灵活多样的形式对学生进行考核。考核中，评价来自学生个人、小组和教师的三方评价，同时为学生提供民主参与作品评价量表制定的过程，营造一种突出"主体"、自导"自主"的教育氛围，提高学生"自我教育"和"自我学习"能力。

2.课后服务课程

在双减政策背景下，学校依据"满足需求，自主选择，一体设计，功能补充"的原则，因地制宜，构建学校课后服务课程体系。课程内容分为四部分：课业辅导类，综合素质拓展类，学科实践类，体育锻炼类；课后服务模式采用"1+N，长短结合"模式，1——课业辅导，对学生进行作业辅导、课业答疑、培优补弱，时间为1小时，另外在晚自习时间，学校也会安排教师辅导答疑，N——另外三种类别课程，总体每类课程时间为40分钟。

学校每月对学生与家长进行问卷调查，了解课业辅导以及拓展类等课程的需求以及效果，通过家长与学生的意见与建议调整课程种类，通过过程性评价与学生核心素养的评估，对教师进行系统培训，着力提升课后服务课程的吸引力与满意率。所有课程学生自主选择，固定教师，固定上课时间，限定上限人数，见下表。

表2-12　2022年9月初二年级课后服务课程

课程名称	上课教师	上课时间	限选人数	限选年级
排球技战术练习	杨浩	周一第9节	20	初二
燃烧你的calorie体能班	体育教师	周一第9节	40	限初二体重超重且耐久跑成绩不佳学生
趣味篮球	张雨顺	周三第9节	20	初二
静默自习	待定	周一第9节		初二
文学经典伴我行	周畅	周一第9节	40	初二
数学发展史	王健	周一第9节	40	初二
经典英文电影鉴赏	果缨侗	周一第9节	40	初二
人物春秋	宋锦芳	周一第9节	40	初二
简单棋类教学	崔曼琦	周一第9节	40	初二
影视欣赏	崔燕	周一第9节	40	初二
音乐欣赏	赵瑜	周二第9节	15	初二
五子棋	张龙升	周二第9节	20	初二
足球技战术	高定一	周二第9节	15	初二
燃烧你的calorie体能班	体育教师	周二第9节	40	限初二体重超重且耐久跑成绩不佳学生
静默自习	待定	周二第9节		初二
金庸武侠小说解读	董大炜	周二第9节	40	初二
逻辑推理游戏	田辰星	周二第9节	40	初二
旅行中国	王艾迪	周二第9节	40	初二
纪录片欣赏	徐臻佳	周二第9节	40	初二
色素的提取	王宇新	周二第9节	20	初二
生活中的数学	庞伟娟	周二第9节	40	初二
每日1 500跳绳运动	卞若琳	周三第9节	20	初二
羽毛球兴趣爱好班	陈平	周三第9节	15	初二

和谐，让教育向美而生

课程名称	上课教师	上课时间	限选人数	限选年级
8字跳长绳	潘欣彤	周三第9节	20	初二
科技社团——3D设计与打印	王友早 史丽娜	周三第9节	20	初二
静默自习	待定	周三第9节		初二
影像中的几何图形	张海涛	周三第9节	40	初二
英雄闪耀伴我行	苏垚	周三第9节	40	初二
英语经典阅读	窦艳娇	周三第9节	40	初二
多维阅读与读者剧场	陈莉	周三第9节	40	初二
探究实验	刘艳云	周三第9节	20	初二
党的历史	赖斯楠	周三第9节	40	初二
语文学科辅导	卞若琳	周四、五第8节		初二
数学学科辅导	张海涛	周四、五第8节		初二
英语学科辅导	曹申申	周四第8节		初二
英语学科辅导	窦艳娇	周五第8节		初二
地理学科辅导	地理教师	周四、五第8节		初二
生物学科辅导	生物教师	周四、五第8节		初二
地理专项提升（基础班）	地理教师	周四第8节	30	初二
地理专项提升（培优班）	地理教师	周五第8节	30	初二
生物专项提升（培优班）	生物教师	周四第8节	30	初二
生物专项提升（基础班）	生物教师	周五第8节	30	初二
彩铅技法	陈伟	周四第9节	15	初二
书法	肖智	周四第9节	15	初二
围棋	王子洋	周四第9节	20	初二
篮球技战术练习	祁绍桐	周四第9节	15	初二
静默自习	待定	周四第9节		初二
《文字的魅力（阅读与写作）》	陈学成	周四第9节	40	初二

课程名称	上课教师	上课时间	限选人数	限选年级
英文歌曲听唱	曹申申	周四第9节	40	初二
初二物理基础题型解读	杨靖华	周四第9节	40	初二
品茶论道	王琦琪	周四第9节	40	初二
数学之美	柳雨舍	周四第9节	40	初二
影视作品中的文学	毕琳雯婷	周四第9节	40	初二

和谐，让教育向美而生

第三章　特色实践——学校课程多样化发展

经过十余年的探索与实践，在坚持"理论与实践"相结合，"管理与研究"齐并进的原则下，学校建构了"教学逻辑""学习逻辑""知识逻辑"和"认知逻辑"的和谐课堂模式及其实施特色，"民主、自主、和谐"气氛弥漫整个课堂，"营造和谐、自主文化、追求高效"课堂教学效果得以逐渐实现，对和谐课程进行分层次分类别实施，逐步走出和谐课程实施的策略路径。

一、基础课程

（一）基础课程的实施思路

基础类课程面向所有学生，课堂是课程的创生过程与开发过程。新课程改革让"知识核心时代"走向"核心素养时代"，四新高考与义务教育新课标提出一致的要求，要求我们由研究知识传授转向研究全程育人、综合育人、全面育人。即我们要从学科教学走向学科教育。教学活动是学习主体的一种精神活动，在培养和提高学生的学科素养的同时，造就学生的思维品质，陶冶学生的心灵和精神。

在充分论证的基础上，学校确立了以自主为特征的课堂文化，强调学生自主探究，自主解决问题，明确在课堂上教师角色要由训练者走向陪伴者，建立"情境、任务、角色、问题""引导、自主、训练、小结、作业"等基本要素与基本流程。

着力于学校课程建设，以学生自主学习为中心实施和谐教学改革，是我校践行新课程改革要求的重要行动之一。随着新课程改革的实施，我校课程建设、课堂教学面貌有所改变，少（学生活动少）、慢（教学节奏慢）、差（学习效果差）、费（费时费力）现象有所改观，学校教学质量仍能不断提升。

（二）基础课程实施案例

《寻根溯源，探求通州民俗；认同文化，弘扬运河精神》大单元设计（八年级）

授课教师：卞若琳

一、单元指导思想与理论依据

《义务教育语文课程标准》指出，第四学段（七至九年级）学生在欣赏文学作品时，有自己的情感体验，初步领悟作品的内涵，从中获得对自然、社会、人生的有益启示。写作时要考虑不同的目的和对象。根据表达的需要，围绕表达中心，选择恰当的表达方式。也要有真情实感，力求表达自己对自然、社会、人生的感受、体验和思考。写作教学应贴近学生实际，让学生易于动笔，乐于表达，应引导学生关注现实，热爱生活，积极向上，表达真情实感。同时，学生在写作过程中能与他人交流写作心得，互相评改作文。

《北京市中小学语文学科教学改进意见》也强调，初中要聚焦语言运用，加强语文学习与生活实际应用的联系，并积极引导学生认识我国统一多民族国家的历史文化传统。

同时，为贯彻国家"双减"工作的有关要求，在单元作业布置上积极落实北京市教科院"义务教育阶段教师优化作业的十条建议"，努力实现作业的减量增质。

本单元的教学设计旨在体现以上几点要求，通过学习这四篇课文，一方面要学习多种表达方式的运用，以及通过语言表达寄寓情思；另一方面要感受丰富多彩的地域文化，理解民俗的价值和意义。另外，在授课过程中融入信息技术的应用，提升课堂效率。

二、单元教学背景分析

1.教学内容分析及课时分配

本单元整体教学设计分为四个课段：梳理课文内容、鉴赏语言技巧、迁移情境写作、交流展示宣讲。

第一课段：熟读课文，梳理课文内容。从课文的选材角度找出课文所涉及的民俗形式和内容。分析课文中选材、组材，厘清文章逻辑线索，构建初步的逻辑思维意识。

第二课段：圈点勾画课文语言的精彩之处，赏析四篇课文独特的写作技巧和情感。从字、词、句、篇章等角度分析作者是如何运用独特的语言来表达对家乡的深厚情谊，并借鉴、迁移和学习运用。

第三课段：借助他乡民俗形式来剖析民俗内涵和民俗的作用、意义。再探求家乡民俗的内涵，利用之前所学的写作技巧，迁移情境写作。

第四课段：在学校的民俗宣传会上，向其他年级同学介绍通州民俗及其内涵。最终投票选出宣讲最好的同学作品。

2.学生情况分析

（1）当前学生对民俗的认识情况分析

通过"问卷星"对学生当前民俗认知水平进行初步的调查和分析。

问题一：你知道通州的民俗都有哪些吗？

表3-1　学生民俗认知水平调查

问题	调查结果
你知道通州的民俗都有哪些吗？	不知道
	通州咯吱盒
	通州小楼烧鲇鱼
	通州西海子公园
	抖空竹
	放风筝
	庙会

问题二：不同地区、不同形式的民俗所寄托的情感相同吗？

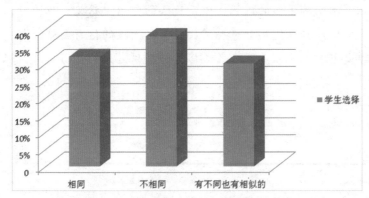

图3-1　学生对不同民俗的情感认知结果

问题三：关于民俗单元你有什么问题想要了解？

表3-2　学生想要了解的民俗知识调查

问题：关于民俗单元你有什么问题想要了解	调查结果
为什么要学习民俗？	78人
学习民俗有什么好处？	72人
通州有哪些民俗？	56人
南北方民俗有差异吗？差异大吗？	5人
学习民俗和实现中国梦有什么关系？	1人
民俗的分类是什么？	12人
民俗为什么会流传这么久，并且流传范围这么广泛？	34人
我该怎么传承民俗？	40人

（2）当前学生的仿写水平分析

八年级学生掌握了一定的文本分析能力和对语言技巧的鉴赏能力。比如，能够通过圈点勾画梳理文章的主要内容和结构；能够通过对比等手法分析写作技巧，能部分借鉴写作技巧迁移到自己的文章中。但根据问卷调查的结果显示：①学生对于通州民俗接触得不多，除了教材中涉及的相关民俗，没有其他接触经验。②在日常生活中，较少的学生会主动收集通州民俗。个别同学有一些了解，但并不明确民俗的内涵，以及民俗的作用、意义。③同时，民俗主题的写作水平较低。独立完成对《安塞腰鼓》第七段的仿写困难较大。因此，这一单元教学着重补充他乡和家乡的民俗，并提供充分的仿写支架，辅助学生进行仿写。

三、单元教学目标

表3-3　单元教学目标

教学内容	单元教学目标	课时目标	设计说明
先导课第1课时	【语言建构与运用】1.能够积累较为丰富的地方方言。2.能结合获得的语言活动经验，并依据具体的语言情境，在实践中完成仿写和宣讲。	1.明确单元学习任务。2.通过查资料初步了解他乡民俗。3.通读课文，了解文章内容。	1.初步体会不同地方独特的生活方式和地域文化。2.明确学习目标，为整个单元的学习做铺垫。
第一课段第2课时	【思维发展与提升】1.通过分析、比较四篇课文在选材上的特点，填写"民俗卡"，训练聚合思维和概括能力。	1.了解文章选材。2.初步了解四篇课文所涉及的具体民俗。	1.梳理文章内容，厘清文章结构脉络，具体了解课文中的具体民俗文化。2.注重作者心境处境的分析，为后续突出教学重点"剖析民俗内涵"做准备。
第一课段第3课时	2.分析选材、组材，厘清文章逻辑线索，构建初步的逻辑思维意识，并获得对民俗的理解，形成自己对民俗文化的认识。	1.从词、句、段、结构等角度赏析课文中的写作技巧。2.理解写作技巧与情感表达的关系。	1.巩固圈点勾画、做批注的阅读习惯。2.赏析作品的优秀语言表达，为下一环节借鉴、迁移表达技巧并进行情境仿写做准备。
第一课段第4课时	【审美鉴赏与创造】1.能够品味课文中富于表现力的语言，培养语感，积累语言材料。2.能够分析课文的写作方法，体会多种表达方式的综合运用。【文化理解与传承】1.感知课文内容，理解其中民俗的价值和意义，并立足文化差异，尊重不同地域风土人情和生活习惯。	1.剖析民俗内涵和民俗的作用、意义。体会通州民俗内涵。2.利用写作技巧，情境写作。	1.立足文化差异，能够尊重他乡、家乡文化特色和生活习惯。2.立足文化认同，能够理解民俗的意义和作用。传承文化，弘扬精神。3.仿写训练，用文字的形式为项目展示做好思路梳理。
第二课段第5课时	2.加深对家乡生活方式和民俗风情的认知，并传承通州文化，弘扬运河精神。	1.能够利用技术手段生动介绍家乡民俗。2.组织语言表达。	1.训练学生能综合运用多媒体手段，进行跨媒介的阅读。2.锻炼口语表达能力、应对能力。3.传承通州文化，弘扬运河精神。

四、单元教学过程设计

表3-4 单元教学过程设计

教学内容	课时目标	设计说明	评价方式	作业设计及意图
先导课 第1课时	1.明确单元学习任务。 2.通过查资料初步了解他乡民俗。 3.通读课文，了解文章内容。	1.初步体会不同地方独特的生活方式和地域文化。 2.明确学习目标，为整个单元的学习做铺垫。	1.全班投票从同学的作业中找到查得最多、最全的。 2.能够利用多媒体快速查到相关民俗信息，能够快速提取有效信息，并在消化后生动地讲述民俗内容。	**作业**：1.按照上课讲授内容和搜索的方法，自行补充他乡民俗。2.通过课文，了解文章内容。 **意图**：熟悉课文内容为后续讲授做铺垫，引入民俗的学习情境和氛围。
第一课段 第2课时	1.了解文章选材。 2.初步了解四篇课文所涉及的具体民俗。	1.梳理文章内容，厘清文章结构脉络，具体了解课文中的具体民俗文化。 2.注重作者心境处境的分析，为后续突破教学重点"剖析民俗内涵"做准备。	利用评价量表，衡量"他乡民俗卡"的完成质量（详见评价量表3-1）。	**作业**：1.根据评价量表的反馈结果，完善他乡民俗卡。2.查阅资料，知人论世。3.小组为单位探究通州民俗，形成PPT。 **意图**：为突破教学难点"剖析民俗内涵"做准备。
第一课段 第3课时	1.从词、句、段、结构等角度赏析课文中的写作技巧。 2.理解写作技巧与情感表达的关系。	1.巩固圈点勾画、做批注的阅读习惯。 2.赏析作品的优秀语言表达，为下一环节借鉴、迁移表达技巧并进行情境仿写做准备。	利用评价量表，衡量"他乡民俗卡"的完成质量（详见评价量表3-2）。	**作业**：1.根据评价量表的反馈结果，完善他乡民俗卡。2.仿照形式从四课中寻找3个句子进行赏析。 **意图**：巩固教学效果，学会品味课文语言的优秀表达，为仿写确定仿写点和技巧做准备。
第一课段 第4课时	1.剖析民俗内涵和民俗的作用、意义。体会通州民俗内涵。 2.利用写作技巧：情境写作。	1.立足文化差异：能够尊重他乡、家乡文化特色和生活习惯。 2.立足文化认同，能够理解民俗的意义和作用。传承文化，弘扬精神。 3.仿写训练，用文字的形式为项目展示做好思路梳理。	利用评价量表，衡量"宣传语"完成质量（详见评价量表3-3）。	**作业**：【必做】：结合同学的微课视频，任选一种民俗，完成宣传语的仿写。【选做】：结合仿与课的相关知识，仿照《社戏》中"偷豆"的情节，写一篇有关通州民俗主题的作文，600字左右。 **意图**：懂得尊重不同地域风土人情和生活习惯。宣传通州民俗文化，弘扬运河精神。

和谐，让教育向美而生

教学内容	课时目标	设计说明	评价方式	作业设计及意图
第二课段 第5课时	1.能够利用技术手段生动介绍家乡民俗。 2.组织语言表达。	1.训练学生能综合运用多媒体手段，进行跨媒介的阅读。 2.锻炼口语表达能力、应对能力。 3.传承通州文化，弘扬运河精神。	同学投票，选择宣讲最生动、深入的宣讲员。	**作业**：网上查阅资料，继续发掘通州民俗，为后续宣讲做准备。 **意图**：懂得尊重不同地域风土人情和生活习惯。宣传通州民俗文化，弘扬运河精神。锻炼使用多媒体进行信息搜集；锻炼口语表达能力。

五、单元学习效果评价及作业设计

表3-5　单元学习效果评价及作业设计

教学内容	单元教学目标	课时目标	设计说明	评价方式	作业设计及意图
先导课 第1课时	【语言建构与运用】 1.能够积累较为丰富的地方方言。 2.能结合获得的语言活动经验并依据具体的语言情境，在实践中完成仿写和宣讲。 【思维发展与提升】 1.通过分析、比较四篇课文在选材上的特点，填写"民俗卡"，训练聚合思维和概括能力。 2.分析选材、组材，厘清文章逻辑线索，构建初步的逻辑思维意识，并获得对民俗的理解，形成自己对民俗文化的认识。	1.明确单元学习任务。 2.通过查资料初步了解他乡民俗。 3.通读课文，了解文章内容。	1.初步体会不同地方独特的生活方式和地域文化。 2.明确学习目标，为整个单元的学习做铺垫。	1.全班投票从同学的作业中，找到查得最多、最全的。 2.能够利用多媒体快速查到相关民俗信息，能够快速提取有效信息，并在消化后生动地讲述民俗内容。	**作业**：1.按照上课讲授内容和搜索的方法，自行补充他乡民俗。2.通过课文，了解文章内容。 **意图**：熟悉课文内容为后续讲授做铺垫；引入民俗的学习情境和氛围。
第一课段 第2课时		1.了解文章选材。 2.初步了解四篇课文所涉及的具体民俗。	1.梳理文章内容，厘清文章结构脉络，具体了解课文中的具体民俗文化。 2.注重作者心境处境的分析，为后续突破教学重点"剖析民俗内涵"做准备。	利用评价量表，衡量"他乡民俗卡"的完成质量（详见评价量表3-1）。	**作业**：1.根据评价量表的反馈结果，完善他乡民俗卡。2.查阅资料，知人论世。3.小组为单位，探究通州民俗，形成PPT。 **意图**：为突破教学难点"剖析民俗内涵"做准备。

和谐，让教育向美而生

教学内容	单元教学目标	课时目标	设计说明	评价方式	作业设计及意图
第一课段 第3课时		1.从词、句、段、结构等角度赏析课文中的写作技巧。 2.理解写作技巧与情感表达的关系。	1.巩固圈点勾画、做批注的阅读习惯。 2.赏析作品的优秀语言表达，为下一环节借鉴、迁移表达技巧并进行情境仿写做准备。	利用评价量表，衡量"他乡民俗卡"的完成质量（详见评价量表3-2）。	**作业**：1.根据评价量表的反馈结果，完善他乡民俗卡。2.仿照形式从四课中寻找3个句子进行赏析。 **意图**：巩固教学效果，学会品味课文语言的优秀表达，为仿写确定仿写点和技巧做准备。
第一课段 第4课时	【审美鉴赏与创造】 1.能够品味课文中富于表现力的语言，培养语感，积累语言材料。 2.能够分析课文的写作方法，体会多种表达方式的综合运用。 【文化理解与传承】 1.感知课文内容，理解其中民俗的价值和意义，并立足文化差异，尊重不同地域风土人情和生活习惯。 2.加深对家乡生活方式和民俗风情的认知，并传承通州文化，弘扬运河精神。	1.剖析民俗内涵和民俗的作用、意义。体会通州民俗内涵。 2.利用写作技巧，情境写作。	1.立足文化差异，能够尊重他乡、家乡文化特色和生活习惯。 2.立足文化认同，能够理解民俗的意义和作用。传承文化，弘扬精神。 3.仿写训练，用文字的形式为项目展示做好思路梳理。	利用评价量表，衡量"宣传语"完成质量（详见评价量表3-3）。	**作业**：【必做】：结合同学的微课视频，任选一种民俗，完成宣传语的仿写。【选做】：结合仿写课的相关知识，仿照《社戏》中"偷豆"的情节，写一篇有关通州民俗主题的作文，600字左右。 **意图**：懂得尊重不同地域风土人情和生活习惯。宣传通州民俗文化，弘扬运河精神。
第二课段 第5课时		1.能够利用技术手段生动介绍家乡民俗。 2.锻炼口语表达能力、应对能力。 3.组织语言表达。	1.训练学生能综合运用多媒体手段，进行跨媒介的阅读。 2.锻炼口语表达能力、应对能力。 3.传承通州文化，弘扬运河精神。	同学投票，选择宣讲最生动、深入的宣讲员。	**作业**：网上查阅资料，继续发掘通州民俗，为后续宣讲做准备。 **意图**：懂得尊重不同地域风土人情和生活习惯。宣传通州民俗文化，弘扬运河精神。锻炼使用多媒体进行信息搜集；锻炼口语表达能力。

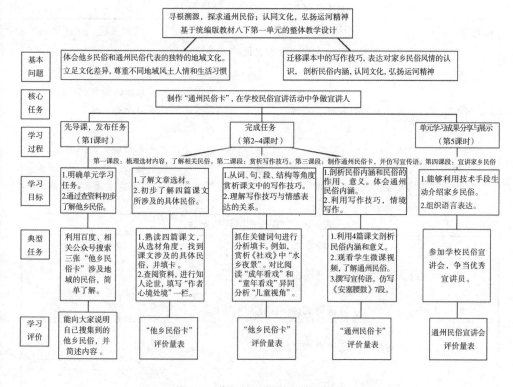

图3-2 作业设计与学习效果评价

表3-6 "他乡民俗卡"评价量表

序号	评价标准	评价等级
1	通读四篇课文,能够准确地在文中圈画出涉及的民俗片段。	能准确找出一处片段,得1分,以此类推。四篇课文全部找到5分。
2	能在书的相应位置进行批注、点评。	能够进行简单批注,得1分;批注的内容准确且具有启发性,语言表达得体3分。
3	能自觉地用规范的语言回答问题,例如,我在课文中的_____段落,找到了_____涉及的_____民俗。	不用提示表述方式就能准确回答的得3分,需要提示的得2分,不能找准找全的不得分。

表3-7 "他乡民俗卡"评价量表

序号	评价标准	评价等级
1	通读四篇课文，能够准确地在文中圈画出优美语言表达的句段。	能准确找出一处片段，得1分，以此类推。四篇课文全部找到得5分。
2	能在书的相应位置进行批注、点评。	能够进行简单批注，得1分；批注的内容准确且具有启发性，语言表达得体得3分。
3	能从"方言""儿童视角""修辞""结构""多感官融合"等角度赏析。	能借助以前的赏析经验，不用提示赏析角度就能准确回答的得3分，需要提示的得2分，不能准确表述情感的不得分。

表3-8 "宣传语"评价量表

序号	评价标准	评价等级
1	词：词语的选择上兼顾排比的同时，能有递进。	做到一点，得1分；做到三点，得5分。
2	句：能够利用课文所学的递进式排比、比对式排比、喻体在前等表达技巧。 按一定的顺序对描写对象进行生动的描写。	做到一点，得1分；做到三点，得5分。
3	段：整体能突显该民俗的内涵。	基本做到一点，得3分；表达有新意，得5分。

六、本单元教学特色分析

本单元整体教学设计分为四个课段：梳理课文内容、鉴赏语言技巧、迁移情境写作、交流展示宣讲。

第一课段的核心是熟读课文，梳理课文内容。从课文的选材角度找出课文所涉及的民俗形式。分析课文中选材、组材，厘清文章逻辑线索，构建初步的逻辑思维意识。第二课段的核心是圈点勾画课文语言的精彩之处，赏析四篇课文独特的写作技巧和情感。从字、词、句、篇章等角度分析作者是如何运用独特的语言来表达对家乡的深厚情谊，并借鉴、迁移和学习运用的。第三课段要借助他乡民俗形式来剖析民俗内涵和民俗的作用、意义。再探求家乡的民俗的内涵，利用之前所学的写作技巧，迁移情境写作。第四课段是在学校的民俗宣传会上，向其他年级同学介绍通州民俗及其内涵。最终投票选出宣讲最好的宣讲员。本单元整体教学设计由读到写再到展示，每一个课段都是前一个课段的延伸，让学生逐步理解民俗的价值和意义。

七、某一课时的教学目标、教学重点和难点

1.知识与能力

（1）了解课文中涉及的他乡民俗形式和内容，体会不同地方独特的生活方式蕴含的地域文化。

（2）了解通州民俗的形式和内容，加深对家乡生活方式和民俗风情的认知。

（3）赏析作者在字、词、句、结构等方面的写作技巧。

2.过程与方法

（1）梳理他乡民俗卡和通州民俗卡的形式，剖析不同形式的民俗内涵。

（2）能够根据表达的目的和需要，迁移课本中的写作技巧，以传承通州文化，弘扬运河精神。

3.情感态度价值观

（1）逐步理解民俗的价值和意义。

（2）立足文化差异，尊重不同地域风土人情和生活习惯。

（3）热爱家乡，传承家乡文化，弘扬运河精神。

4.重点难点

（1）教学重点：学生能通过课文来梳理他乡民俗卡，分析不同形式民俗的丰富内涵，并剖析民俗意义。

（2）教学难点：学生能够在写作中借鉴、迁移课文中的语言表达技巧，并根据写作的需要进行仿写。

八、某一课时的教学过程

表3-9　某一课时的教学过程设计

教学阶段	教师活动	学生活动	设计意图
一、导入	【情景导入】【回顾所学】 上周我们学习了第一单元的所有课文，这一单元是民俗主题，通过课文《社戏》《回延安》《安塞腰鼓》《灯笼》，我们看到了一幅幅生动的民俗画卷，感受到了当地的风土人情和多彩的地域文化。其实，我们大运河两岸也是文化兴盛，古韵萦绕。数百年漕运盛世繁华，成就了运河之城通州。古老的通州到处闪耀着运河文化的光辉，各式各样的民俗也讲述着通州的历史和运河的辉煌。今天就让我们寻根溯源，探寻通州民俗；认同文化，弘扬运河精神。	回顾已学课文，认真听讲，初步明确本节课的学习目标。	引导学生进入情境，将学生的思维引导到对他乡民俗的梳理和探究通州民俗上。

二、寻根溯源，梳理"他乡民俗"	在前两节课，通过梳理教材，我们依次制作了"绍兴民俗卡""陕北民俗卡""山东民俗卡"，每一种民俗都代表了当地的文化。 【作业展示】 1.按照"预习作业"任务，同学上网查阅了与课文相关的"地域民俗"资料； 2.在讲授第一课段后，我们布置了梳理课文中涉及的"具体民俗"作业； 3.在讲授第二课段后，我们的作业任务是梳理课文涉及的写作技巧。 举例： "课前预习"作业：完成对"浙江民俗"的搜索。 "第一课段"作业：梳理课文中涉及的具体民俗，有"社戏""省亲"，并梳理作者此时的处境或心境，即"对童年的美好生活回忆以及对故乡淳朴生活的留恋"。 "第二课段"作业：总结课文的写作技巧"综合运用多种感官进行描写""儿童视角"。	对照作业成果"他乡民俗卡"梳理四篇课文涉及的当地民俗、课文中的具体民俗、作者心境处境、写作技巧。	通过梳理、回忆所学内容，明确一张民俗卡的制作过程，为后续完成通州民俗卡厘清思路；同时，体会不同地方独特的生活方式蕴含的地域文化。 在回忆"作者心境处境"一栏时，为后面突破教学重点，即剖析民俗内涵做铺垫。
三、寻根溯源，初识通州民俗	【回顾作业】 在梳理"他乡民俗卡"之后，有同学在调查问卷中提问"我们通州有什么民俗呢？"于是老师上周布置了探究作业，要求大家以小组为单位去寻根溯源，查阅资料或是向长辈请教通州有什么民俗，并制作PPT进行汇报。 以下是同学们完成的7份成果，老师已将它们投稿到学校"运河杯"征集中。 【思考探究】【小组合作】 观看视频，先独立思考、填写"通州民俗卡"，再以小组为单位，讨论、完善。 预设：学生在"民俗内涵"一栏产生困惑，不知道填写什么。	认真观看视频，提取有效信息。 先独立思考，静默写作。本组成员基本完成后，再交流、完善。选择组内最优秀的一份进行展示。	通过展示学生探究成果和发布的公众号信息，激发学生今后探求通州民俗的兴趣与好奇心。 通过观看学生微课视频，让学生加深对家乡生活方式和民俗风情的认知。

和谐，让教育向美而生

	【教师引导】【小组合作】 以4篇课文为例，小组讨论作者在展现民俗的同时所寄寓的情思。 预设： 社戏——童年记忆、友情、乡情 信天游——延安精神、革命精神、乡情 安塞腰鼓——陕北乃至全国人民坚毅不屈、意气风发、蓬勃向上的精神 灯笼——乡情、历史文化、家国情怀 表述方式： 我认为课文《_____》中的_____民俗，寄托了作者_____的思想/感情。	在教师的引导下，结合课文中"作者的心境处境"一栏思考不同形式民俗背后寄寓了什么情思，并在"他乡民俗卡"上进行填写。	将学生的思路集中到民俗内涵上，体会不同形式的民俗背后寄寓了丰富的内涵。 通过这一环节，突出教学重点。
四、文化认同，剖析民俗内涵和作用	【明确】不同民族、不同地域，有不同的民俗。而不同形式的民俗背后寄寓了丰富的内涵。 【小结升华】 观察这些民俗内涵，我们能够得知：民俗涵盖我们精神生活的方方面面。它首先能够丰富个人的精神世界；其次能够展现地域的精神风貌；同时，我们虽处不同地域，但是民俗中寄寓的情感又是相似的，它足以体现民族的文化认同，并在一代又一代的传承中，产生了强大的民族凝聚力，让我们更加亲近。	感受民俗背后蕴藏的真挚情感，体会民俗影响着我们精神世界的方方面面，以及民俗深远的作用。	规范表述语言，厘清思路。 立足文化差异，懂得尊重不同地域风土人情和生活习惯。
五、写作训练	【情境写作】【小组合作】 副中心的发展日新月异，通州的民俗也正在被发掘。目前运河中学正在进行"运河文化特色校"的申请，学校要做一期通州民俗的宣讲会并征集相关作品。请你本着推广通州文化、传承运河精神的角度，选择一个通州民俗并为它配上一段宣传语。 要求：模仿《安塞腰鼓》第7段。 仿写支架： ①范文（有删减）： 一捶起来就发狠了，忘情了，没命了! 骤雨一样，是急促的鼓点；旋风一样，是飞扬的流苏；乱蛙一样，是蹦跳的脚步；火花一样，是闪射的瞳仁；斗虎一样，是强健的风姿。黄土高原上，爆出一场多么壮阔、多么豪放、多么火烈的舞蹈哇——安塞腰鼓!	记笔记。 根据讲解，完善"通州民俗卡"。 参考写作支架，组员先讨论、确定各自的仿写对象，再完成一个排比句的仿写。最后由组长汇总成完整的语段。	进一步引导学生加深对家乡生活方式和民俗风情的认知；同时，在赏析课文语言的基础上，感受作者是如何运用独特的语言表达对家乡的情感，并借鉴、迁移、运用的。

	②选词建议： 气势磅礴、激情澎湃、振奋、强劲有力、铿锵有力、激扬、震撼、威武、壮丽、活灵活现 ③描写对象建议： 【龙灯会】：龙头、龙身、鼓声、表演者、脚步、队列、眼神、身姿等 【运河号子】：纤夫的身姿、步伐、队列、眼神、声音、神情、纤绳、货船 ④手法建议： 排比（递进）、排比（对比）、比喻（喻体在前）、长短句交错、破折号的使用 ⑤强调：一定要突显该民俗的内涵。		通过这一环节，突破教学难点。
	【作品展示】 展示学生作品，师生共同从语言仿写和传递情感的角度进行点评。 总结值得学习和积累的语句，修改不完善的表达。	阅读习作 交流点评	引导学生进行互相学习，取长补短。
六、小结、作业	1.总结本节课的收获 2.作业： 【必做】：结合同学的微课视频，任选一种民俗，完成宣传语的仿写。 【选做】：结合仿写课的相关知识，仿照《社戏》中"偷豆"的情节，写一篇有关通州民俗主题的作文，600字左右。	记录作业 小组打分	懂得尊重不同地域风土人情和生活习惯。 宣传通州民俗文化，弘扬运河精神。

（左侧竖排）和谐，让教育向美而生

二、拓展课程

（一）拓展课程的实施思路

拓展课程，面向群体学生的个性发展，在基础类课程的基础上拓展学生的学科能力和素养，满足学生个性化发展需要，满足学生的兴趣个性特长的发展。

学校利用信息技术通过大数据，对每个学生在学习基础类课程的基础上进行评估，观察学生学科能力及素养达成情况，指导学生自主选择拓展课程，满足学生个性化发展。基于学生学习基础、学习能力、学习兴趣、个性发展等差异进行拓展，在学生课程学习的菜单上突出自主选择，差异发展，差的补、优的培、兴趣发展、特长突出。

根据学科核心素养和学生学习力的培养，依据学校的课程体系开发学科拓展课程群、特长拓展课程群、实践课程群，旨在拓宽和深挖，通过选修走班的方式进行实施并不断完善，深入学科学习，突出学科特色，完善学科核心素养。

（二）拓展课程的实施案例

以地理学科系列课程开发与实施案例为例。

1.地貌系列课程

地貌系列课程的开发与实施已经经过两轮检验，比较完善成熟。

其中《河流地貌模型的创新制作与应用》课程面向高一、高二年级地理学科基础较扎实、善于创新、动手能力较强、对地理学科深入研究有兴趣的学生开设。在课程实施的过程中，遵循"四主""行动""理性"和"物化"等原则，采取"情境式""项目式"学习方式，鼓励学生自主创新设计，把课内外知识、不同学段内容有机整合、拓展延伸。在课程实施过程中，引入相关评价机制，重点关注过程性评价。评价学生学习过程中的表现：包括个人和小组的交流合作状况、创意设计建议、质疑答疑情况、资源利用、动手制作能力、学习策略等。该课程设计新颖、可操作性强、科研探究效果好、开发实施路径明确、课程成果显著、学生学习贯通性强，收获多。

该课程最先形成开发实施模式（见图3-3），为其他系列课程开发提供借鉴。

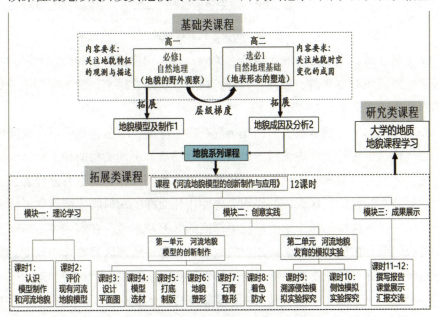

图3-3 地貌系列课程模式

该课程最先形成"课程设计方案"。最先尝试撰写课程的目标、主题、活动安排、实施方法、评价方式等。并且在活动实施过程中有课程活动脚本，依据脚本有序开展实践活动。

2022年11月，该课程被认定为市级特色课程。这一认定在一定程度上说明课程的建设理念、开发与实施策略科学正确有效。

2.园农系列课程

《田园耕读》课程开发实施的模式逐渐成形，并实现跨学科融合特色。

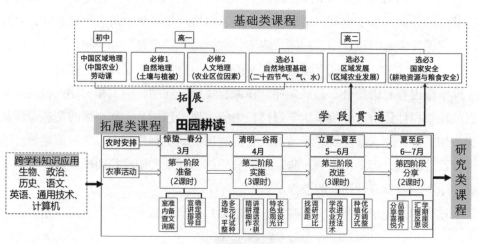

图3-4 园农系列课程模式

学生从在课堂上学习与农业生产有关的知识，到依据个人的喜好上网购买作物种子，再依照时令育苗、播种、管理，最后收获品尝果实，学生参与了一次完整的农业生产实践活动。

在实践活动中，许多真实的问题出现在学生面前：哪些作物可以在校园中种植？怎样挑选作物种子？耕读园内土壤有什么特点？不同类型的种子什么时候播种合适？在教室内育秧和露天播种有什么区别？不同的作物需水有差异怎么浇灌可以达到节水的目的？什么样的作物需要使用什么样的塑料膜才能达到最佳种植效果？……面对这些问题，学生进行了深度的学习和思考，在实践中不断地发现问题解决问题。拓展了地理学科知识的宽度，提升了地理教育育人的高度。并且学生还应用到许多其他学科中学习到的知识和技能。例如，

政治学科——聚焦中央一号文件，实施乡村振兴战略；

历史学科——了解中国农耕历史文化《天工开物》；

生物学科——不同作物的生长规律、生长习性，耕作制度对生物生长的影响；

通用技术学科——各种农具和农业生产监测和检测仪器的使用；

语文学科——各种农业生产、农作物生长记录表的填写；

英语学科——一些农作物、农业生产仪器、肥料等外文说明书的翻译等。

《田园耕读》课程的开发实施实现了不同学段、不同学科的融合。保证校本课程与国家课程、高一必修课程和高二高三选择性必修课程、课堂学习与课外实践的有机融合，保证地理实践课程有机融入高中地理教学。

3.天文系列课程

《中国古代计时法》是由"太阳视运动"一节课演变而成的一门地理实践课程。

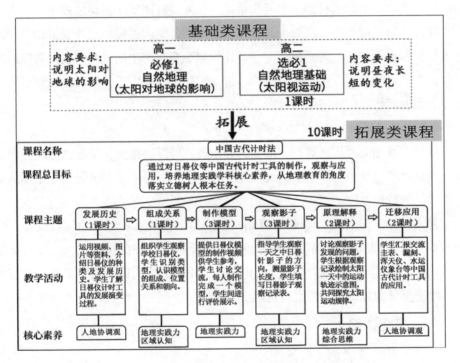

图3-5 天文系列课程模式

该课程的基础是高中地理选择性必修1第一章第二节《地球运动的地理意义》中"太阳视运动"的相关内容。"太阳视运动"是新教材增加的内容，内容本身较为抽象，对学生的空间想象能力要求很高。即使是高二选考地理、地理基础相对较好的学生在学习这部分内容时也表现出"地理观察、地理空间定位、地理空间想象"等方面能力的不足，反映出学生生活体验较少、缺少对自然现象的观察、空间方向感差等问题，地理实践力素养亟待提高。基于此，开发设计《中国古代计时法》课程，课程共包含10个课时，通过设计地理观察、动手制作地理模型、空间思维等方面的地理实践活动，培养学生的地理实践力素养。借助日晷仪这一中国古代传统计时工具，了解古代计时仪器，感悟古人智慧，弘扬中国传统文化，树立文化自信，落实立德树人的根本任务。

该课程在高一年级开展社团实践活动，高一年级学业负担相对较轻，学习内容难度较小，每周有固定的社团实践活动时间和教室，校园操场内放置日晷仪模型，这些都为社团活动的开展提供了时间、场所和教具保证。在高一年级开展地理实践活动能够激发学生学习地理的兴趣，在课程安排中提前渗透部分高二地理的内容，为学生学业选科提供参考和帮助。在开展社团实践活动过程中，突出学生主体性地位，以学生实践为主，教师讲授为辅，室内讲授和室外观察相结合，理解知识和动手制作、观察相互配合，让学生在真实的生活情境中观察自然地理现象，发现自然地理规律，验证结论，进一步学会迁移应用，以真正达到运用地理知识和原理解释实际问题的目标。

4.天文观测课程

运星河社团的《天文观测》课程，起步晚，但发展很快，学习内容也更加专业化和具有研究性，为学生中的天文爱好者提供了更高的发展平台，挖掘和培养个别学生的特长发展。

为支持学生进行更为专业的研究，学校为学生购买了专业的仪器设备：星特朗NexStar8se大口径自动寻星跟踪望远镜、星特朗127SLT反射式望远镜、星特朗80DX折射式望远镜三款望远镜及其配件。并聘请中国科学院国家天文台研究员，博士生导师林钢华教授进行讲解。

三、研究课程

（一）研究课程的实施思路

研究课程，目标是面向有潜质学生的专业发展，培养高素质拔尖创新人才，设计开发主题类研究课程或较专业的理论及技能学习课程，对学生进行一对一量身打造。学校整合多种资源，有针对性地面向有个性特长的学生开设的特殊人才通道。充分利用校内外资源，综合促进学校教师和学生教学、学习方式的转变和革新，在专家引领下，教师和学生共同参与科学研究过程。研究课程的学生培养体系为"选拔—培养—评价"，结合学校的具体情况确定拔尖学生的标准，并进行选拔，在课程设置和课堂教学、培养方式上突出个性，确保每一个拔尖学生得到最合适的培养。

（二）研究课程的实施案例

以运河中学"黄纬禄班"的建设为例。

课程负责人：李卫东、段连波、徐宝刚、李云鹏、张陶、陈玉、任建辉、曹申申。

党的二十大提出教育、科技、人才三位一体建设，必须坚持科技是第一生产力、人才是第一资源、创新是第一动力。习近平总书记在科学家座谈会上指出，科学家精神是科技工作者在长期科学实践中积累的宝贵精神财富。为此，教育部等18部门联合印发了《关于加强新时代中小学科学教育工作的意见》，以立德树人为根本任务，努力培养担当民族复兴大任的时代新人，培育新时代中学生的科学思想与创新思维，就成了新时代中学教育的工作目标。

在长期的办学实践中，运河中学始终坚持"和谐发展教育"的办学理念，坚持"一切为了学生发展"的办学宗旨，以"办人民满意的学校"为目标，以"让每个学生都精彩"为教育愿景，注重培养品学兼优、全面发展、学有特长的中学生。

2023年6月，在航天科工集团第二研究院、航天科技国际交流中心、北京航空航天大学、北京建筑大学、北京信息科技大学和区教委、区科协、梨园镇政府的关心帮助下，我校"黄纬禄班"正式成立，标志着学校在"研究性实践教育"探索中迈出了关键一步。

1.培养目标

我校"黄纬禄班"旨在培养弘扬科学家精神、培养青少年科技创新人才：人格优秀，志向高远，具有坚定的爱国情操和强烈的社会责任感；逻辑思维与形象思维并重，科学素养与人文修养兼容，具有强烈的创新精神；具有强烈的研究意识和自主学习能力，意志坚定，发展潜力巨大。

2.班级结构

学校致力于培养基础知识扎实，志向高远，意志坚定，科学素养与人文修养兼容，具备创新精神和高阶思维能力的拔尖创新人才。学校将集中优势资源，实施跨学科通识教育，为品学兼优的学生创造广阔成长空间。

（1）班级组建

"黄纬禄科创班"分为"科创雏鹰班"与"科创翱翔班"。

"科创雏鹰班"以初中学生为主，"科创翱翔班"主要针对高中学生，在集团内，我们也有组建以小学为主的"科创启蒙班"的想法。依据"坚持自愿、择优录取"原则，学校成立以校长为首的领导小组，对有科技爱好及愿意报名的初高中学生分别进行考查测试，选择品学兼优、学有专长、热爱自然科学与科技的学生各30人组建成班，进行集中培养，"科创雏鹰班"主要考查数学、生物、物理，"科创翱翔班"主要考查学生的物理、化学、生物、地理四科水平。

表3-10　黄纬禄科创班培养措施

班级	培养措施
科创雏鹰班	著名科学家、院士走进课堂，每月1次，通过科普讲座、科学家讲坛等形式把科学前沿知识深入浅出地介绍给中学生，感受我国前沿领先的科技成果，弘扬科学家奉献精神、科学态度，培养学生爱国情怀与高尚情操，初步了解科技手段、课题研究，从而热爱科学，勇于探究，水平高的学生经老师考查可进入翱翔班。
科创翱翔班	依托科学家、教授团队的丰厚资源，通过配备导师、精选拓展课程、采用灵活多样的学习方式、提供科研平台等特殊的培训方式，以加强学生综合实践能力培养和注重学生科技素质提高为目标，结合高考学科内容、未来高校学习内容和学生兴趣爱好进行拓展教学，力图使创新班学生毕业时较同阶段学生具有更扎实的学习能力和更广博的知识储备，为进一步深造打下基础。

（2）学校师资

班主任：任建辉——信息技术教师及创新中心主任，曾多次带领学生获得科技方面国家级、市级奖项。

科技导师：科学家、教授、专家团队。

生涯导师：特级教师、骨干教师、信息技术教师及通用技术教师。

3. 硬件保障

运河中学综合楼三层整体进行装饰与改造，整体命名为"黄纬禄科创班·学生创新中心"。其中，"黄纬禄科创班"教室一间，120平方米，三层通廊100米长×3米宽，壁挂、展板展示宣传黄纬禄先生及其团队以及创新成果，教室内和通廊以光影、声电等手段营造科技氛围。

在资金保障方面，学校每学期可提供不少于30万元资金支持，主要用于科研课题、学生培养、专家讲座指导等方面。

4.班级组织与管理

"黄纬禄科创班"这份荣誉与学习的机会是属于全校师生的，所以我们合则择优组班，分则成为全校师生的科学精神、科学研究的星星之火与引领者。

（1）班级组建——走班加双导师制

双导师——科技导师+生涯导师，由科学家、教授、专家团队组成专家组，作为班级的科技导师，对学生进行集中培训，学校成立由学校学科带头人、骨干教师组成学生生涯导师，辅助专家工作，并对有关学科内容对学生提供帮助，以期学生全面发展，学有专长，为学生升学及生涯规划打好基础。

（2）课程设置

以国家高中课程方案为依据，在保证学生中高考学科学习的基础上，整合国家课程，引进国家顶级科技资源，配置优质科学课程。通过专家团队的优质师资，开设通识类、科技类、拓展类的"创知"课程，培养学生意志品质的"创意"课程（如高中生生涯规划、逻辑思维训练等），以及航模、机器人制作、科技制作等实践类"创行"课程。学有余力的学生可参加大学先修课程学习，获取强基计划资格。

联手大学进行立体培养，为创新班学生提供先进的教学设备及学习平台。如大学实验室、图书馆、校园网等面向创新班学生开放，学生可进入大学的实验室，参与导师课题或在导师指导下开展自己的微型课题研究，实际体验科研过程。

每年组织科创班学生走进中科院和科学家、院士科考路线进行参观、研学、参与科学实验，体会在科研工作中如何选题、如何思考、如何创新，亲身感受院士学术成长的过程，亲身感受科学家、院士的人格魅力、科学精神与爱国情怀。

5.培养阶段规划

表3-11　培养阶段规划

		人文类课程
每日	创知课程	科学家文化、院士精神课程
		科学、科技通识课程

每周	创意课程	生涯规划课程
		逻辑思维训练课程
		课题及科研实践
每月	创行课程	航模、机器人制作、科技制作等课程
		数学、物理、科技、化学、生物类拓展课程
		科学家上课，专家讲座（每月1次）
		科学研学：到大学或科研院所实验室学习
假期	综合提高	到中科院基地、卫星发射基地、大型电站等实地循迹学习提高

　　学校将以此为契机，充分借助资源优势，把"黄纬禄班"打造成为一个具有创新性、特色性、人文性的典型班级，在副中心教育高质量发展过程中展现运河智慧，贡献运河力量，将成功经验示范辐射，谱写出学校高品质发展的新篇章。

和谐，让教育向美而生

第四章　行稳致远——学校课程管理与保障

一、课程建设全程管理

为了做好学生发展指导课程建设，我校做好课程建设全程管理工作。

一是及时调研，了解学生需求。通过访谈、问卷等多种形式，广泛了解学生、家长和教师的需求兴趣，开发相关课程。

二是课程管理。每学期末，学校组织课程管理团队具体研讨课程内容，评价课程管理的各个环节，及时完善、更新、拓宽课程内容，考虑制订课程计划。既优化了课程资源和环境，也使课程能更好地助力学生发展。不仅丰富了学校的管理内容，也提高了学校课程管理的效能，有利于学校课程建设良性发展。

三是课程审议。利用学校课程评价标准对课程进行审议。

在课程生成、实施、评价的全过程中，进行全程管理。

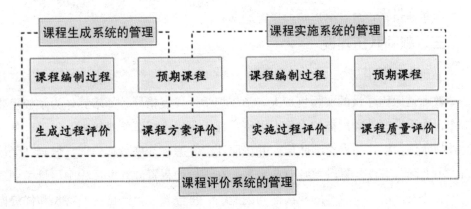

图4-1　课程全程管理模式

二、制度保障

在以学校课程开发与实施为主体的环境下，合理有序的保障制度，是实施综合实践活动课程的重要保障。学校根据学生成长，对学生发展指导课程建设与实施制定了管理办法和评价办法。

（一）管理办法

如社会实践活动管理办法，包括学生参与综合实践活动课程考勤制度、学生安全管理制度、学生成长记录袋、资料卡管理制度等。也包括教师的相关管理制度，如教师配备制度、教师工作业绩评定制度、教师选派与聘任制度等，以保障课程有序开展。

（二）评价办法

课程评价制度是确保课程顺利实施并能促进学生发展提升不可替代的监督反馈系统。2023年，教育部发布《关于加强中小学地方课程和校本课程建设与管理的意见》提出要"建立以过程评价、综合评价为主的评价制度，改进评价方式，强化实践导向，注重体验、探究、制作等活动过程"。因此，对学生的评价，学校注重学生的实际表现和发展状况，评价内容上要关注过程、兼顾结果。评价方式上要多样化，注重自我评价和他人评价、个别评价与集体评价、形成性评价与总结性评价相结合。评价过程上强调客观公正、实事求是。通过成果展示、研讨答辩、访谈观察、成长记录等途径，对学生的综合实践能力、态度、情感和价值观进行整体评价。以多元化的评价内容、动态化的评价过程、互动化的评价主体等新理念为指导，整合成全新的评价制度。

三、教师队伍建设

（一）人尽其才

教师是课程建设的实际负责人。学校把学生发展指导教师培养作为学校重要工作，注重发挥教师团体的力量。以班主任为班底，招募学科教师，外聘校外专业教师队伍，组建授课教师队伍。并按照课程主题，开展教师培训，做到"无培训，不上岗"，逐步提升教师专业水平。在学校课程资源开发过程中尽量做到最大可能地发挥每一位教师的积极性和创造性，每位教师根据自身的特长和优势做到人尽其才，最大限度地挖掘自己的潜能。

（二）精通专业

学校课程内容不能脱离学生的发展规律，且要能满足不同水平和需求不同的学生，因此学校课程研发教师须要依据核心素养要求，在具体情境中，以任务驱动的形式，让学生参与其中，以满足学生的学习规律要求。因此，课堂教师须拥有相当高的教学技巧。教师不仅要在专业技术上钻研，还要具备创新意识，敢于实践，不断提升自我能力，给学生提供优质的教学服务。

四、经费保障

学校每年单列学生发展指导课程建设专项经费，开展教师培训、课程开发与实施及评价等方面工作。

五、课程资源支撑

学校地处大运河之旁，有丰富的传统文化课程资源，同时，学校与北京师范大学、首都师范大学、北京教育科学研究院等有紧密合作，他们能为学校学生发展指导课程建设提供丰富的课程资源。

第五章　开拓出新——学校课程的展望

特色课程，是指学校在先进的教育思想指导下，根据本校的办学理念，以学生的需求与发展为核心，以地域、社区和学校资源为依托，经过长期的课程实践，逐步形成和发展起来的具有独特性的整体风格和出色的育人成效的课程。特色课程群，将基于一定主题构建，立足"大课程"布局，突破按学科组织课程的传统方式，整合主题相通、内容相近的相关课程，突出内在的逻辑统一。理顺课程内容的关系，促进课程结构优化，课程集群结构合理、层次清晰。注重课程群内部的衔接、完善，使课程之间由原来的相互隔离转变为相互贯通，相互重叠转变为相互补充，站在更高的起点上进行课程建设。

运河中学，应运而生，因河而名。长期以来，运河中学持续开展运河文化课程建设，积累了丰富经验，取得了一定的成效，产生了深远影响。当前，在打造高质量教育体系，改变育人模式，探索多元特色发展，培育新时代建设者和接班人的要求之下，运河中学借此契机进一步明确学校育人特色，打造特色课程群，以构建中国标准、国际视野、文化育人的特色课程之路。

一、运河文化特色课程群构建的背景

（一）新时代立德树人的根本任务诉求

自十八大报告中首次提出"将立德树人作为教育的根本任务"以来，中小学教育围绕着这一根本任务不断推进。在二十大报告中，习近平总书记更是进一步指出："育人的根本在于立德。全面贯彻党的教育方针，落实立德树人根本任务，培养德智体美劳全面发展的社会主义建设者和接班人。"坚持以人民为中心发展教育，加快高质量教育体系建设，加快义务教育优质均衡发展，坚持高中阶段学校多样化发展。由此可见，对于一所学校来说，落实立德树人根本任务需要着力推进学生全面发展，促进其个性充分而自由地成长。而在当前的学校教育中，国家课程较好地完成落实学生共同基础的职责，但对于促进各级各类学生个性自由而全面地成长上，还需要各个学校依据本学校学生的特点，有针对性地开展教育，方能完成促进学生全面发展的重担。而课程作为学校落实人才培养的核心工作，在完成这一任务上有着天然优势，有助于促进学生德智体美劳全面发展，构建学校五育并举的教育体系。由此可见，学校针对学生发展的诉求和自身资源而构建的特色课程，是打造五育并举教育体系的内在需求，是当前落实立德树人根本任务的集中体现。

（二）中华优秀传统文化创造性转化与创新性发展的需要

中华优秀传统文化是维系中华民族的精神血脉，如何传承与发展好它是中华民族始终需要面对的重大课题。十九届六中全会就已提出，坚持"创造性转化和创新性发展"对待中华优秀传统文化传承与发展的基本方略，这一基本方略在二十大报告中也得到了再次重申与加强。大运河文化作为中华优秀传统文化的典型代表，习近平总书记曾就大运河的保护传承利用做出重要指示："大运河是祖先留给我们的宝贵遗产，是流动的文化，要统筹保护好、传承好、利用好。"因此，着重探索保护、传承与发展大运河文化的新形式与新道路，思考如何对其加以创造性转化与创新性发展是落实国家文化发展战略的内在需求，也是通州区义不容辞的责任。

文化是构成课程内容的重要来源。在课程内容选择与组织的过程中，在教师之间、师生之间的交流互动也将会进一步促进文化的交流传播与再生产，以此拓宽大运河文化的传承与传播，促进其不断发展。由此可见，中华传统文化的课程转化，是学校层面探索中华优秀传统文化创造性转化与创新性发展的重要道路。为此，运河中学开展了以运河文化为内容打造特色课程的尝试，在促进学生全面发展的同时，达成促进大运河文化创造性转化与创新性发展的社会职责。

（三）政策推动落实课程群建设

2022年3月，市教委印发了《北京市普通高中多样化特色发展创建工作方案》，其中提出普通高中多样化发展特色的六种创建途径，各途径均提出了特色课程群建设要求，具体如下：体制机制创新类（系统构建为学校育人目标服务的特色课程群）、国际化教育类（国际化课程群）、协同培养类（协同培养课程群）、一体化培养类（一体化培养课程群）、新型综合高中类（普职融通的特色课程群）、特色培育类（特色培育课程群）。

在相关政策的支持下，聚焦学生个性化学习发展需求、系统构建为学校育人目标服务的特色课程群得到推动和落实。

（四）运河中学丰富的历史积淀与学生诉求

运河中学建设运河文化系列课程由来已久。运河中学对运河文化特色课程的探索从第"十一"个五年规划前就已开始。到目前为止，已经积累了大量素材与丰富经验，历经了四代更新。2002—2006年，高一、高二年级学生以研究性学习为主体，对运河相关的历史文化景点、美食文化、特色小吃、非遗项目等进行探究，并于2006年完成《运河文化》读本的编辑；2007—2009年，运河中学以《研发"运河文化"校本课程的行动研究》《青少年非物质文化遗产教育的实践研究》的课题研究为引领，推进运河文化特色课程建设，正式出版发行了《运河文化读本》；2017—2021年，运河中学在已有的校本课程建设探索上进行迭代升级，将原有的综合素质提升活动调整为"运河文化之运河大课堂研学课程"，将运河文化和办学特色融入其中；2021年至今，运河中学通过运河文化的价值研究，理论与实践相结合，探索运河文化价值在基础类课程、拓展类课程与提高类课程中的渗透与体现，进一步丰富、推进特色课程建设。历经十多年的发展，运河文化特色课程已经有了丰富的成果。而"十四五"以来，新的教育格局、新的时代要求、新的挑战要求我们进一步把这些成果丰富、丰满，串成串，织成网。在总结反思运河中学特色课程建设的经验中，推进特色课程的建设上升到一个新的高度，推进学校课程发展进入新阶段。

二、运河文化特色课程群构建的立足点与原则

特色课程之特色是学校育人特色的集中体现，如何确立特色、如何构建特色，是在特色课程群建设之前必须明确的基本问题，也是特色课程群构建的逻辑起点。

（一）立足发展，发扬特色

特色课程群建设的立足点，即运河中学构建特色课程群的核心理念，是运河中学在长期特色课程建设探索中总结归纳得出的基本认识，具体可概括为"三特"，即特需、特质与特优。

图5-1 特色课程立足点

1. 特需——学生个性化发展的需要

运河中学特色课程群的开发立足于学生的"需要"。在"国家、地方、学校"三级课程框架下，学校特色课程的开发有别于统一的国家课程和地方特色课程，属于以校为本的个别差异课程范畴。通过学校特色课程的开设，在一定程度上满足不同学生成长的需求。个别差异是课程多样化的根源，学校特色课程的开发就是为了提供多样化的可供学生自由选择的课程。为此，运河中学在构建运河文化特色课程的过程中，坚持从学生的个别差异角度考虑，学校提供符合个人需要的多样化课程，进一步将教师、学生、班级生活、社会实践、研究性学习、学校活动、学生生活、传统文化、乡土文化特别是大运河文化等纳入课程开发的视野，作为课程开发的资源，提供更为丰富的可供选择的课程体系，在一定程度上满足不同学生成长的需求，为学生发展提供更大可能性。

2. 特质——学校课程发展的诉求

打造高质量教育体系，促进义务教育优质均衡发展，促进高中阶段学校特色发展，是落实立德树人根本任务的重要策略。运河中学作为初高中一体校，既有促进学校教育优质均衡发展的需要，也有促进高中学段特色发展的需求。在坚持以学生发展为本的基础上，在保持初高中基本连贯的基础上，进一步促进初中教育的优质均衡发展，促进高中阶段的多元特色发展，进一步凸显学校初高中一体化课程建设的特色，是党和政府教育发展战略的要求，也是学校课程建设发展的诉求。

为此，为进一步突出运河中学的办学特点与资源特点，我校在全盘考虑学校办学特点与办学优势的基础上，围绕着大运河文化进行有特点的课程愿景架构，以进一步构建有特点的课程结构与课程内容，进而开展有特点的课程实施，进行有特点的课程评价，以学生的"特需"带动学校课程育人"特质"的凸显。

3. 特优——学校文化与内涵式发展的要求

课程是学校教育的核心。学校的办学理念及其一切价值观都会反映到课程之中——课堂上。因此，校本特色课程群的建设要和整个学校建设联系起来，也就是要和学校办学思路、长远规划联系起来，和学校的文化建设结合起来，才能办出特色，办出质量。构建优质的特色课程群，是推进学校文化与内涵式发展的内在要求。

首先，提升学校核心竞争力的根本途径是课程。课程支撑特色，推进特色学校建设的根本途径是课程。特色学校的生命力在于有高质量的特色课程。在达成这样的共识基础上，运河中学将国家课程校本化实施、校本课程开发、品牌学科和品牌课程建设，始终视为学校关注的重点。

其次，学校课程差异反映学校核心竞争力的层次和水平。不同学校课程的差异，反映的其实是学校核心竞争力的不同层次和水平。随着经济发展与社会进步，教育选择多样化特点日益明显。建设特色学校，发展特色课程，能给家长和学生提供更大的选择空间，为学校争取更多的发展机会和更大的发展空间，这是当前运河中学新的发展战略的内在要求。

最后，我校认为，应对竞争需要大力发展特色课程群，应对激烈化的学校竞争，促进学校的可持续发展，需要大力发展特色课程，努力实现学校特色到特色课程的嬗变，这是学校在激烈办学竞争中不断进步成长的原因所在，也是学校核心竞争力的重要体现。从学校特色到特色课程，从特色课程到特色课程群，是一个长期的教育建构和教育创新过程。在这个过程中，有机遇，也有挑战，关键在于认定方向，坚持不懈。

（二）坚持实践，确立原则

阐明运河中学特色课程群构建的基本出发点之后，随之而来的问题便是应该秉持何种原则以开展特色课程群的构建，这直接关系到运河中学特色课程群构建的理念与基本路径，影响到后续课程群建设的方方面面。对于课程建设方向的把握，也是课程质量的核心确证，不可忽视。为此，运河中学结合国家大政方针的要求，结合学校课程建设的具体情况，提出了针对特色课程建设的五条基本原则。

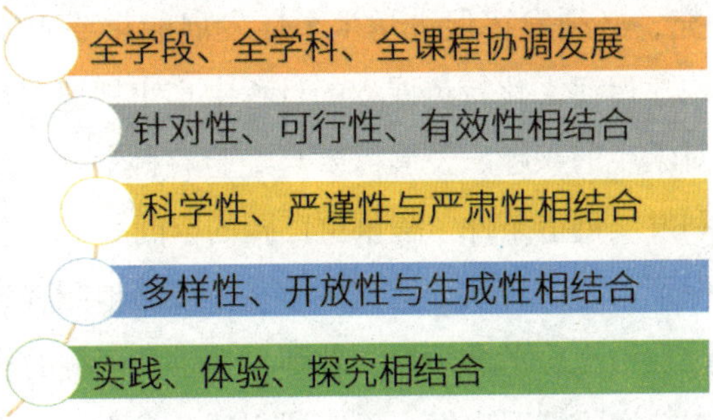

图5-2　特色课程建设的基本原则

1. 全学段、全学科、全课程协调发展

特色课程群的建设从来不是特立独行的，必须服从于学校的办学目标、符合学校的课程理念，并服务于学校的特色教育，才能有效地融合在学校整体课程框架中，协调与其他课程之间的关系，发挥学校课程体系的整体价值。

为此，运河中学坚持整体性构建的原则。强调特色课程作为国家主体课程之外，以拓展性或者探究性课程的形式存在，应当能与国家课程形成互补关系，在整体课程框架中，充分发挥特色课程的价值与功能。同时，作为特色课程以"特色"为切入点，对原有学校和谐课程体系进行拓展，在保证基础型课程设置的基础上，以一定结构形式对学校校本课程进行整合，凸显学校的办学特色。

在特色课程群构建过程中，运河中学坚持以延续、连贯的思维构建学校特色课程，坚持运河文化特色课程是在学校和谐教育理念指导之下构建的课程，强调课程的目标、结构、实施等要与学校整体课程架构进行对接，与学校整体文化密切相容。同时强调特色课程建设过程，是全体师生共同努力，不仅仅是依靠教师，忽略学生，也不是仅仅依靠几位教师，而是在学生、教师、学校、家长、社区、专家的共同作用下，形成学校整体的"特色氛围"。再者是在结果指向上，运河中学的特色课程群的建设不是为了某类学生的发展，而是指向每一位学生的发展，是为了每一位学生的终身发展。

2. 针对性、可行性、有效性相结合

这一原则的提出由特色课程本身的性质所决定。学校自主开展的课程群构建活动，必须针对学校需求，保证可行，实施有效。

为此，运河中学进一步明确，运河文化特色课程群以拓展补充为目标定位。在2022年颁布的新的义务教育课程标准中就已明确指出，地方课程与校本课程是国家课程的拓展补充，必须发挥促进学生个性发展的重要职能。结合国家政策要求，运河中学在构建运河文化特色课程的过程中牢牢把握课程构建这一基本目标，进而方案要针对学生的兴趣、发展需要与经验，科学设计课程，组织教学内容，为学生的学习和发展创造条件，提供更广阔的空间。

另一方面，为保证可行、有效，运河中学坚持以因地制宜为建设路径。在特色课程方案构建的过程中充分考虑学校、教师、学生和资源的实际情况，因地制宜，量力而行，从本校实际情况出发，确定课程的开发内容。充分利用、整合利用地方资源，挖掘运河特色文化资源，形成课程内容主题。

3. 科学性、严谨性与严肃性相结合

科学性、严谨性与严肃性原则是保证特色课程质量的基础原则。运河中学在建设运河文化特色课程群的过程中，保证目标设定和内容选择上要科学、结构要合理、表述要严谨，要从设计课程开发的各个环节保证校本课程开发的科学性、严谨性与严肃性。一方面使运河文化课程的构建符合学生发展的客观规律，另一方面保证特色课程构建符合课程建设的一般原理与一般规律。以严谨、严肃的态度对待特色课程建设方方面面的工作，不能有一丝一毫的马虎。

以科学性、严谨性与严肃性为原则实际反映了运河中学致力于打造优质课程的决定与尝试。一方面，为了构建高质量的特色课程群，运河中学在坚持科学性、严谨性与严肃性的基础上，进一步强调保证特色课程本身的科学性与先进性。另一方面，强调在教育教学过程中，推进课程的优质化实施，提升教育教学质量，促进学生整体素质的提高与发展。

4. 多样性、开放性与生成性相结合

运河文化特色课程群，作为学校自主构建的系列课程的整体化呈现，其建设应当遵循多样性、开放性与生成性相结合的原则，以满足不同学生发展的个性需求。一方面，运河中学着力构建满足不同层次、不同类型需要的丰富特色课程，以丰富的课程满足学生多样的需求，努力实现课程的多样性；另一方面，运河中学坚持在课程构建的过程中，密切关注社会、学校的各种变化以及在特色课程开发过程中通过师师之间、师生之间、生生之间共同探究而新生成的课程目标，要不断及时地将这些变化吸纳、反映、提升到校本课程开发方案中来，坚持与时俱进，灵活多变，保证课程的开放性与生成性。

5. 实践、体验、探究相结合

运河文化特色课程群不同于学科课程群，它是运河中学自主构建的一套活动课程。而活动课程正是强调增强学生的实践、体验，强调让学生在现实情境中，将所学应用于实践、探究之中，完成知识与实践的互动。为此，运河中学从活动课程的这一性质出发，旨在打造实践、体验与探究相结合的特色课程。为此，在特色课程开发过程中，运河中学从关注学生成长和发展出发，利用一切可利用的课程资源，创设学习情境，提供实践条件，使学生在实践、感受、体验、探究中，实现既动脑，又动手，更动心的学习，并获得发展。

三、运河文化特色课程群构建的总体思路

确立构建运河文化特色课程群的立足点与原则方向之后，运河中学进一步思考了特色课程群构建的总体工作思路，以明确特色课程群的特色内容架构、特色创设路径与整体推进方式，为后续的课程建设贡献实践策略。

总体而言，学校在长期的实践中明确，运河文化特色课程，是以大运河文化为主要内容，以主题融入与特色创建双线融合为建设思路的旨在培育学生运河精神的活动课程体系，以实现以文化创建文化情境，实现文化铸魂、文化铸根，是运河中学以文育人、以文化人的特色育人之路的集中体现。

（一）以大运河文化架构课程群内容特色

运河中学，应运而生，因河得名，打造运河文化特色课程，名正言顺，得天独厚，恰逢其时。以运河文化为主题打造系列特色课程，是运河中学的必然选择。

中国大运河有2 500年历史，自春秋时期的邗沟再到隋唐大运河，最后发展至元明清的京杭大运河，历史悠久。由此衍生的运河文化也意蕴丰富。大运河文化可体现为中国四大国家文化公园、大运河文化保传利、大运河五脉（政治国脉、经济命脉、历史文脉、社会动脉与生态水脉）、十大主题（历史、水利、科技、遗迹、非遗、文学、人物、红色文化、城市、生态）等。涵盖了运河水系文化、漕运仓储文化、物质商贸文化、运河民俗文化与运河精神文化五方面，贯通了从物质到制度再到文化，最后上升为精神的内涵逻辑，是一个涵盖多种文化特

色的、多层次、多类型的文化集合体。

为此，在特色课程创建过程中，运河中学集中对运河文化中的种种主题进行集中的梳理、整合，找寻其中能够促进学生全方面发展的特色养料，以内容的特色架构学校课程育人的特色，最终变为学生发展的特色。以实现在促进学生个性自由而充分发展的基础上，推动大运河文化的传承与传播。

（二）以融入与创建双线融合架构特色创设路径

如何进行特色课程的创建，将其纳入学校和谐教育课程体系之中，是运河中学在课程建设中重点关注的问题。在长期的实践探索中，运河中学探索出了一条特色融入与特色创建，一显一隐双线融合的特色创设路径。

1. 以主题设计实现大运河文化的特色融入

在运河文化特色课程架构中，运河中学尝试构建了一系列大运河文化内容系统，针对不同学科设计相应的主题，诸如水利、地理、人物、风俗等，以任务、主题的形式融入基础学科之中，形成运河中学的学科拓展系列，构建学科实践活动序列。

同时，以运河文化为已有的校本课程赋能，将一些较为零散但又具有学习价值的内容整合进入已有的校本课程之中，优化已有校本课程构建，为其提供文化背景与文化主题，融入其中实施。

通过贴近学生生活的地域文化、生活场景为学生创建相应文化情境，让学生能够在这些情境之中，进一步增强对学科基础知识与基本技能的应用，丰富其学习体验，提升其实践、探究能力。

2. 以专门课程构建实现大运河文化课程群的特色构建

除了特色融入，学校还专门梳理整合运河文化的专门内容供学生学习，结合运河文化的多种主题，构建了系列综合实践活动课程体系。使学生在专门学习运河文化的相关内容的同时，综合所学的各个学科知识，以运河文化的专门课程设置，为学生确立综合实践活动的主题与问题情境，增强学生跨学科知识的应用，使学生通过真实情境的体验、实践，构建面向真实生活的、整全的知识体系，实现学科知识的融合与融通，将生活与学习进行结合，避免知识体系的人为分裂，促进其作为一个完整人的发展，促进其综合素质的养成与发展。

（三）以循序渐进、课题引领架构推进思路

在明确特色课程的特色架构思路之后，运河中学进一步明确了这项工作的推

进思路，以明确特色构建的具体策略。

1. 先易后难，循序渐进

对于尚处在思考和探索简单的特色课程开发而言，我们采取先易后难、循序渐进的方式进行开发。即首先选择一些条件具备的课程项目或者单项课程进行校本开发，待积累经验之后再扩大范围，以便集中优势，使校本课程开发与学校课程资源相适应，也为更大范围的开发积累经验、创造师资条件。确定每年、每学期发展完善的运河特色文化课程，以时间的积累与打磨逐渐完善每一门运河文化特色课程，丰富运河文化特色课程系列。

2. 借鸡生蛋，水到渠成

运河中学采取课题研究的方式进行校本课程开发，开展行动研究，形成开发合力。同时聘请课程专家进行指导，培训教师，参与课程开发中的规划、课程编制、课程实施乃至于课程评价等，借助外部力量参与校本课程开发的启动和深入。如此，则可以形成强大的力量，同时能够促进学校办学水平的提高，在合作汇总共同受益。

3. 增强功能，各有所为

开展多方合作固然是校本课程开发的有效策略，但就长远来看，学校应增强自身的造血功能，增强本校的课程开发事例，形成良性循环的局面。这必须增强教师队伍建设，形成一支有课程意识、有开发能力而又敬业的教师队伍。为此，运河中学积极开展教师培训、听取专家学术报告、开展校本教研等方式。最为重要的是，运河中学积极组织教师深入课程开发的实践活动中去，在开发过程中磨炼，把开发和学习、培训有机集合起来，进行案例剖析、课程观摩。增强教师的课程开发能力，着力校本课程质量的不断提升。

四、运河文化特色课程的具体构建

（一）运河文化特色课程建设目标

如果把特色课程建设的过程比作一艘巨轮，那么课程目标则是这艘巨轮的罗盘指引，为课程设计、课程实施与课程评价提供依据。通过课程目标，才可将课程的各个部分有机连接，以构成完整育人体系，发挥整体育人功能。

在学校"和谐发展教育"理念的指引下，我们期望通过特色课程建设，促进学校、教师与学生的共同和谐发展。据此在学生发展目标的构建基础上，进一步明确学校、教师的发展目标，以构建学校和谐发展整体。

图5-3　和谐发展教育理念

1. 学生发展目标

运河中学总体学生培养目标为"培养全面发展，具有时代特色、运河精神的运河学子"，运河文化特色课程则是着重培育学生"运河精神"的一类课程，为此，运河中学结合《义务教育课程方案和课程标准（2022年版）》中要求在"坚定理想信念、厚植爱国情怀，加强品德修养，增长知识见识、培养综合素质上下功夫，使学生有理想、有本领、有担当，培养德智体美劳全面发展的社会主义建设者和接班人"，以及《普通高中课程方案（2017年版，2020年修订）》中"进一步提升学生综合素质，着力发展学生核心素养，使学生成为有理想、有本领、有担当的时代新人"的相关要求，结合我校实际，进一步构建了以"运河精神"为核心的特色课程目标。

图5-4　以"运河精神"为核心的特色课程目标

（1）尊重自然、利用自然的科学精神

尊重自然、利用自然、因地制宜，在大运河沿线创造出的水工智慧工程比比

和谐，让教育向美而生

皆是。在大运河的开凿与维护的历史发展过程中，淋漓尽致地展现了古代中国人的深刻智慧，体现了他们尊重自然、保护自然、利用自然的伟大精神，其突出代表如大运河上一系列闸坝的建设。这些物化的成果无不在展现古代人民丰富的智慧与朴素的科学精神。

这样尊重自然、利用自然的科学精神值得传承与发扬，且这一精神与当前中国学生发展核心素养的培育不谋而合，无论从时代学生发展目标还是从运河文化内容内在特点来看，尊重自然、利用自然的科学精神都应当成为运河文化特色课程的学生发展目标。

具体而言，运河文化特色课程的科学精神，以促进人与自然的和谐为目标，强调学生在充分认识自然、尊重自然的基础上，确立环保与可持续发展理念，进而能够结合学习、理解运用相关的科学知识和技能形成一定的价值标准、思维方式和行为表现。

（2）厚德载物、兼容并蓄的人文精神

江苏省社会科学院副院长、大运河文化带建设研究院副院长樊和平曾经提到，大运河是中华民族的宣言书，是中华民族性格的陈情表。而其所指的中华民族的精神，即天行健，君子以自强不息；地势坤，君子以厚德载物。如果说长江和黄河是中华民族自强不息的象征，大运河就是中华民族厚德载物的精神写照，向世人昭示了中华民族人定胜天的民族性格。于历史长河中，大运河奔流向前，承载着南北的物资沟通，也承载着南北的文化交流，是中华民族精神中"厚德载物"的集中体现。

"厚德载物"是中华优秀传统文化的核心范畴和重要组成部分，蕴含着丰富的人学内涵和人学价值。《周易·坤》通过"厚德载物"对君子进行形象塑造和行为约束，阐释了如何成为一个君子，即如何成为一个道德高尚的人，如何成为一个获得他人认可的人。从这个角度上讲，道德高尚的人与君子就成为同义语。这是中华优秀文化对君子确立的标准。这就是对"人"的本质规定和价值标准进行了探索，成为中华传统文化中"自我认同""价值认同"的重要溯源；是人与自我和谐、人与他人和谐的重要体现。

由此可见，无论是从大运河的精神实质、从个体发展还是从学校和谐发展教育理念来说，"厚德载物，兼容并蓄"都应当成为以运河文化为主要内容的特色课程的重要目标。具体而言，厚德载物、兼容并蓄的人文精神强调学生学习、理解、运用人文领域相关知识和技能所形成的基本能力、情感态度和价值取向，以进一步涵养学生的人文积淀、人文情怀特别是乡土情感、家国情怀，以及审美情趣，以使学生形成正确的自我认知，正确认识自己与周围环境的关系，实现人与自我、人与他人、人与社会的和谐，养成具有道德知识、情感、态度与行动力的少年，进一步落实立德树人根本任务。

（3）锲而不舍、自强不息的奋斗精神

中国大运河至今已存续2 500多年，是世界上少有的仍在使用并不断建设的活态文化遗产。在漫长的历史岁月中，一代代运河人从没有停下开凿、疏浚、修缮、治理的脚步。正是这样一代接着一代干，才创造了2 500多岁的中国大运河至今仍在使用的人间奇迹。这种与运河水共流淌的锲而不舍、自强不息的奋斗精神，值得进一步发扬、传承，也是运河精神的集中体现，也是人与自我和谐的重要体现。

具体而言，运河中学旨在通过运河文化特色课程的构建，使学生在了解运河历史及其相关人物的基础上，使学生养成锲而不舍、自强不息的奋斗精神，磨砺其意志品质，让学生成为自觉主动、坚忍不拔的能够自主发展的时代新人。

（4）大胆探索、敢为人先的创新精神

中国大运河作为古代超大型交通水利工程，从规划设计到建设施工，再到维护管理，无不凝结着中国古代劳动人民的聪明和智慧，体现了中国人民伟大的创新创造精神。例如，明朝初年白英、宋礼设计兴建的戴村坝和南旺分水枢纽工程，其科学价值和技术水平相当高，创造了中外水利工程史上的奇迹，影响极其深远。在制度创新方面，漕运管理制度是中国封建王朝一项重要的国策，共经历了2 000多年的历史，为中国封建社会的国家稳定和统一做出了重要贡献。而在近代，19世纪末江南运河沿线的商业城市突破封建制度的束缚，求新求变，产生了民族工商业的萌芽。

由此可见，大胆探索、敢为人先的创新精神是大运河形成与发展过程中不变的精神实质，也是大运河得以发展至今的不竭动力。在积极倡导创新性人才培养的今天，进一步弘扬与培育学生的创新精神更是必不可少。为此，运河中学以大胆探索、自强不息的创新精神为目标，联系中国学生发展核心素养，强调学生应当能够超越自我、超越固有思维、超越认知局限，在不断学习的过程中追求自我更新、自我创新，为未来在更高水平上实现创新奠定基础，养成创新思维、创新能力与创新品质。

（5）包容互济、和谐共生的开放精神

大运河贯通了中国南北，促进了南北经济文化的交流，也通过陆上丝绸之路和海上丝绸之路加强了中外经济文化的交往。大运河沿线城市的快速发展，是与它们长期秉持包容互济、和谐共生的理念分不开的，也正是靠着这一精神的指引，中华民族才能时刻保持强大的生命力。包容互济、和谐共生是大运河在长期的历史发展中凝结而成的精神内涵，也是当前强调"命运共同体"的时代号召下应当进一步强调的学生素养。

为此，运河中学以包容互济、和谐共生的开放精神为目标，强调促进人与他人、人与社会的和谐共生，以进一步涵养学生的广阔眼光与宽容态度，培育具有开放态度与世界眼光的时代新人。

2. 教师发展目标

教师的发展是培育学生运河精神的重要支撑。为此，运河中学在特色课程建设过程中，也注重课程设计、课程实践在培育优秀教师中的作用。

一方面，运河文化特色课程的建设旨在丰富其人文底蕴与科学素质，且在此基础上涵养教师的运河精神，使其成为具有尊重自然、利用自然的科学精神，厚德载物、兼容并蓄的人文精神，锲而不舍、自强不息的奋斗精神，大胆探索、敢为人先的创新精神，包容互济、和谐共生的开放精神。促进教师作为一个完整个体的发展。

另一方面，运河文化特色课程的建设也旨在促进教师专业能力的成长，特别是与课程相关的课程建设力、课程实施力与课程评价力的成长，推动教师向研究型教师转变。

3. 学校发展目标

对于学校来说，其育人特色集中体现在其课程特色之上，而课程特色又很大程度上体现为特色课程之特色。为此，运河中学旨在通过特色课程的创建，突出学校育人特色、办学特色，且进一步提升学校满足学生个性发展诉求的能力，提升办学质量与办学水平，以课程建设为核心带动学校各方面的质量提升。

（二）运河文化特色课程群的结构

课程结构是对特色课程的学段、层次与领域等要素之间的功能、定位及其比例关系进行明确区分。运河中学在构建特色课程群结构的过程中，根据学校和谐发展理念，以及育人目标及特色课程目标的相关要求，遵循课程建设的一般原理，从学段、层次与模块入手，将运河文化体系加以结构化，以助力具有"运河精神"的运河学子培养。

1. 学段

运河中学的运河文化特色课程群，是贯穿学校初高中学段的整体课程群。分为初中和高中两个学段。虽在同一套运河文化课程体系之下，同样是促进学生个性充分而自由地发展，不同学段其目标定位和内容构成存在一定区别。

首先，在初中学段。在相同层次、领域的课程中，初中学段的课程更多着眼于优质均衡发展的需要，强调为学生全面发展奠定基础。因此，在课程设置中，初中学段的课程一是更多地与初中层次的各学科内容加以连接，以帮助学生能够更好地运用所学的学科知识；同时重在补充学生基础学科课程之外的相关知识，做扎做实兴趣拓展、学科拓展，让学生能够获得更为丰富的资源促进自身发展，为全面优质发展奠定基础。二是初中层次的活动课程的类型及其主题，将更具生活化的特色，更贴近学生的经验，在抽象层次上要略低于高中课程。三是初中层次的课程，在课程内容的设置上强调尽力增强学生体验感，更为强调对初中知识的理解与应用，较少进行较为艰深的探究活动。

其次，在高中学段。在相同层次、领域的课程中，高中学段更多着眼于多元特色发展的需要，强调学生个性发展的深入。因此，在课程设置中，高中学段的课程一是更多地与高中的各学科知识进行连接，在进行一定的大运河文化知识拓展的基础上，更强调学生在学科知识领域或某一专业领域的深入拓展，在课程内容与主题的选择上将会更为注重与学科知识的联系；二是高中层次的课程内容与主题，将更具学科特色与知识性，以提升学生学科专业知识的应用水平，主要以学科相关的知识或主题作为高中阶段的课程内容；三是高中层次的课程，在课程内容的设置上旨在增强学生的探究性、研究性，强调学生对所学知识与技能的深入理解与积极应用，逐渐使学生走向专业学科的初步探究。

2. 呈现形式

运河文化特色课程群采用融入与创建双线并行的构建方式，在这一特色的构建方式之下，运河文化特色课程形成三种基本形态。

和谐，让教育向美而生

图5-5　运河文化特色课程的基本形态

首先，学科综合实践活动。这种形式的运河文化特色课程，以主题的方式加入国家课程之中，打通各个学科，并结合对应学科的内容形成适合本学段、本年级的大运河学科综合实践活动，体现了课程群的统筹性、综合性和创新性。

其次，各领域校本课程中的主题序列。运河文化特色课程同样也以主题的方式加入学校已有的校本课程体系之中，对于一些难以形成系列课程，但又有探究意义的运河文化相关主题，运河中学将其作为一个组成部分、一个片段单元的形式加入原有的校本课程中，为对应校本课程的开展提供文化情境。

最后，专门的运河文化课程。在融入学校已有的课程以外，运河中学还针对运河文化中相对完整、内容丰富的部分进行加工改造，形成专门的运河文化课程，让对运河文化特别感兴趣的同学进行深入探究，满足不同学生、不同层次的需求。

3. 模块与主题

运河中学以和谐发展为理念，确立使学生实现人与自我、人与他人、人与自然、人与社会四方面的和谐为目标，以学校已有的课程领域，同时结合运河文化的具体内容，划分出经济命脉、历史文脉、社会动脉、生态水脉与艺术流脉五个模块内容，模块内容与整体课程对应关系如下图所示。

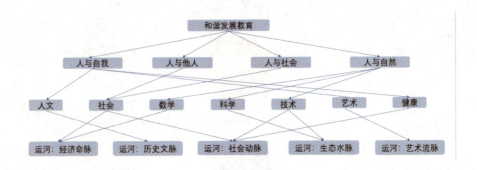

图5-6　模块内容与整体课程的对应关系

4. 层次

为了进一步明确不同课程在学生发展之中的定位与功能，满足不同学生发展的需要以避免平均用力的情况。运河中学根据课程的功能、时间比例与相关规定，依据学校总体课程结构，将特色课程分为两个层次，分别是拓展选修课程与综合提高课程。

| 拓展选修：着眼选择 着力供给 | 综合提高：着眼激发 着力个性 | 运河精神 |

图5-7　特色课程的层次

（1）拓展选修课程：着眼选择，着力供给，从选择走向丰富

拓展课程以拓展学生知识面，加强学生的学科拓展为主要目的。意在落实学生学科核心素养，一方面在国家课程的基础上为学生进行内容的延伸，拓宽视野；另一方面为了更好地满足学生个性发展的诉求，实现学生兴趣的拓展，为实现学生个性自由而充分地发展助力。

（2）综合提高课程：着眼激发，着力个性，从优势走向专长

综合提高课程，在拓展选修课程上更上一层，强调学生在某一方面的深入钻研。一方面使学生在对应学科中能够进一步深入学习，以大运河文化为其文化情境、问题情境，便利其在某一专业领域的精深探究；另一方面，也让那些对大运河文化特别感兴趣的学生，能够集中地对大运河相关文化主题、精神实质进行探究，加深对大运河的理解。

（三）运河文化特色课程群的实施原则与方式

为保障运河文化特色课程群的成功落地，运河中学系统规划了课程实施的路

径与策略，提出课程实施的各项原则与具体实施方式，以确保达成特色课程的课程目标，为学生个性充分而自由地发展服务。

1. 运河文化特色课程实施原则

运河文化特色课程实施的原则主要有协同实施原则与灵活实施原则。

图5-8 运河文化特色课程实施原则

（1）协同实施

运河文化特色课程的协同实施原则是由其性质决定的。运河文化特色课程是学校整体课程体系的一部分，是学校校本课程的重要组成。在课程建设的过程中，运河中学始终坚持全学段、全学科渗透。而要做到"渗透"，就不能将运河文化特色课程过度独立于学校其他课程。运河文化特色课程虽自身具有一定体系，但这一体系是融入在学校整体课程体系之中的，其内在联系以较为隐性的方式存在，而以学校的整体架构为主要表现形式。且若是在课程实施中只考虑运河文化特色课程的实施，将容易导致运河文化课程与学校整体课程的脱节，就如同森林中精致的小花园，虽美丽但难以融入自然之中，焕发勃勃生机。

为此，运河中学在实施运河文化特色课程时，始终坚持协同实施的原则。一是指运河文化特色课程与国家课程、地方课程的协同实施，做好拓展补充、协同作战的工作。充分配合国家课程、地方课程特别是国家课程中与运河文化特色相关主题、相关知识的开展时间，以运河文化特色课程为其在前期做好铺垫、开展时提供文化情境或在开展后进行延伸拓展。围绕着国家规定的学生需要落实的共同基础，进一步确定运河文化特色课程开展的时间与具体方式。

二是指运河中学在实施运河文化特色课程时，始终坚持与自有的校本课程体系进行协同。当前运河中学已经在各个领域开设了多样的校本课程，形成了基础必修、拓展选修与综合提高三个层次的课程，而学校运河文化特色课程是校本课程中的一个特色序列，是运河中学校本课程的重要组成，分散在学校各个领域、各个层次的课程之中，又内在地统摄在运河文化这一总体主题之下。为此，在实施运河文化特色课程时，运河中学非常注重与各个领域的校本课程的内在连接。将其他校本课程中，有关运河文化主题的内容与活动进行整合，以节约时间、提高效率，坚持与其他校本课程协同实施。

（2）灵活实施

运河文化特色课程的双线构建模式必然要求在实施的过程中采取多样态的灵活的实施方式。

一方面，不同类型的课程采用不同的实施方式，如在融合学科课程开展实施时，注重基本知识、基本技能的落实，注重教师讲授与学生主动。在实践活动开展过程中，学校则充分利用活动育人的功能，以体验感悟、锤炼品格为目标开展学校系列活动，充分发挥学生的主动性，让学生在亲身参与学校活动的过程中了解运河文化，掌握运河文化，并自觉发扬运河文化，养成运河精神。

另一方面，运河文化特色课程的实施灵活调度学校的可利用资源，构建育人生态，打造育人环境，发挥隐性课程的育人功能。一是发挥学校文化的育人功能，营造文化氛围，使学校形成良好的育人环境；二是调动学校内一切可调动的教育要素，在全学段、全学科育人的过程中，着重发挥隐性课程与显性课程的效用，辅助显性课程功能实现，发挥学校课程的最大效能。

2. 运河文化特色课程实施方式

（1）把握内在结构，分层分类实施

运河中学在实施运河文化特色课程时，坚持贯通其内在结构，保证各级、各类课程的联动效应，保证课程的整体育人效果。运河中学一方面注重课程的纵向连贯，在不同类型课程及不同层次课程的实施过程中做好衔接工作，保证学生能够顺利过渡，以确保教育教学效果达到最佳。如在刚入学及毕业年级，学校开展活动做好学段衔接工作，让学生了解在这一学段所需学习的运河文化，做好相应铺垫。另一方面，运河中学还非常注重横向贯通，正如前文所提及的以大概念、大主题、大单元、大任务来整合学科、整合课时，避免学科单独用力造成的时间浪费，同时也以运河文化主题增强各学科、各课程之间的联系，让学生能够更为顺畅地应对整体世界，协助学生建立完整、系统的知识系统，避免片面化、碎片化。

着眼整体其意义在于布局一体而有针对性实施，切实发挥好每一层次、每一类型课程的价值与功能。运河中学在实施运河文化课程时，并不是生硬地将运河文化的相关内容硬融入整体课程体系之中，而是强调在合适的时机、在合适的学段、合适的时间融入合适的主题。特别是在针对学生的不同条件与状态，划分不同的课程层次与主体层次，满足不同学生的需求。为充分发挥不同层次课程的功能，运河中学强调依据每一学段、每一层次的课程的功能及其特性，有针对性地开展实施，更好地促进学生的全面发展。如在学科拓展活动中，则强调教师带领学生进行基于学科知识的深入探究，发挥教师主导作用。而在综合探究活动中，则更为强调发挥学生的主动作用，教师进行适时点拨。

（2）坚持高质量发展，推动课程高品质实施

为进一步落实"双减"政策，实现提质增效。运河中学在实施运河文化特色课程的过程中，坚持提升课堂教学质量，坚持推动课程内容的更新升级。

在课程实施过程中，充分发挥教师的主导作用与学生的主体作用。虽然运河文化特色课程主要是活动类课程，强调充分发挥学生的自主性、能动性，但这并不意味着教师无用武之地，并不意味着放任学生野蛮生长。而是强调在学生学习的不同阶段发挥教师的不同作用，在学生刚开始学习运河文化相关内容、开展探究时，教师更多地指导、引导、辅导学生开展活动。而在学生较为熟练之时，教师的主导作用则逐渐走向幕后，更注重为学生提供优质的内容与适宜的环境，适时加以引导，在学生需要帮助时及时进行点拨，以帮助学生更好地开展活动，提升运河文化特色课程的课堂教学质量。

一方面，坚持与时俱新，推动运河文化特色课程的持续优化，推动运河文化特色课程质量的优化升级。在实施过程中，运河中学始终坚持在实施中检验、在实施中发展，及时在课程实施过程中找到当前课程建设中存在的种种不足之处，及时予以改正，在一轮一轮的实施中促进特色课程的优化改进。另一方面，坚持关注运河文化研究的最新成果，及时将其补充进入当前运河文化特色课程体系之中，保持内容的先进性与科学性，促进特色课程的质量提升。

（3）创设文化情境，涵养运河精神，促进文化自信

在运河文化特色课程实施过程中，学校坚持以创设文化情境为核心，为学生创建大运河文化环境，涵养学生文化精神。通过文化认知、文化实践，促进学生的文化认同、文化自觉与文化自信。

| 文化认知 | 文化实践 | 文化认同 | 文化自觉 | 文化自信 |

图5-9　创设文化情境及目的

以基础课程打牢文化知识基础，让学生对基本运河文化形成认知；接着，突出运河文化的实践性与体验性，促进学生开展丰富的文化实践；进而使学生在坚实的文化认知与丰富的文化实践的基础上，进一步感受运河精神，形成运河文化认同，进而形成运河文化自觉、文化自信，真正涵养其文化精神。

（4）增强实践体验，发展综合素质

一方面，引导学生在大运河相关的真实场景中开展体验，进一步丰富其对于大运河历史人文、风土人情、军事政治、经济发展等方面的了解，在相应的文化情境体验中，把握乡土文化，涵养乡土情感与家国情怀，养成运河精神。

另一方面，引导学生基于学科相关主题、相关内容，对大运河的相关风土人情、历史发展、英雄事迹等展开探究，以大运河文化创设相关问题情境，让学生在了解家乡、了解大运河的过程中，提升对于学科知识的认识，发展学科技能，促进学科素养的提升。

（5）注重学科整合，大主题、大任务综合推进

运河中学，以运河文化为纽带，增强学科间的相互配合，坚持以大主题、大任务推进特色课程实施。学校课程建设工作组，充分研判运河文化与各个学科的对接点，理顺内容关系，在严格按照国家对相应课程的时间要求的基础上，进一步以运河文化为主题或情境，推进学科实践活动的开展与综合实践活动课程的开展。在学科实践活动的开展中，则注重以某一学科的内容为主体，综合利用多学科内容，开展学科实践活动。在综合实践活动的设计中，则进一步加强校本课程之间的内容统合、课时统合，确保在最少的时间，实现最大的效能。

（四）运河文化特色课程的评价方式

运河中学从课程评价、学生评价与教师评价三方面构建了运河文化特色课程的评价体系。

1. 对课程的评价

课程评价对课程的实施及课程的优化改造起着指引性作用。运河中学基于特色课程建构的基本思路与出发点，构建起一套对课程开展评价的评价体系。

首先，在课程内容评价上，坚持科学性、发展性与选择性的原则，即课程内容是否具有科学性，能够反映时代科学发展的最新成果，能否反映运河文化研究的最新成果，是否能够反映普遍规律；且这些内容是否在促进学生发展上有着积极作用。相对于其他内容，在促进学生发展上有着效率与效果的最大化，能够促

进学生发展的最优化；而作为特色课程，在课程内容的选择与组织上，是否考虑了不同层次、不同类型学生的需求，是否为不同的学生提供了充足的选择，这些都是评价运河中学运河文化特色课程的重要指标。

其次，在课程实施评价上，运河中学坚持在课程实施的过程中实时分析，以改进为目标开展课程评价，通过对课程实施的评价联动对课程设计的评价，使课程处于一个持续优化的循环之中，进而保证学校课程的质量。

2. 对学生的评价

在对学生的评价方面，运河中学坚持做到对学生的评价，运用发展性评价理论和综合素质评价方法，将形成性评价与过程性评价、表现性评价结合起来，适当使用量化评价，与案例积累结合起来，目的是促进、激励、鼓励学生自觉、主动地参与到课程建设中来。实现评价内容综合化、评价标准分层化、评价主体多元化和评价方式多样化。

评价内容综合化，指运河中学重视知识以外的综合素质的发展，尤其是创新、探究、合作与实践等能力的发展，以适应人才发展多样化的要求。因此在进行学生评价的过程中，着重对学生综合素质的养成展开评价。

评价标准分层化，指运河中学关注被评价者之间的差异性和发展的不同需求，促进每个学生在其原有水平上得到提高和发展。在学生基础达标的情况下，对不同层次和不同类型的学生进行差异化评价，以促进每一位同学个性充分而自由地发展。

评价方式多样化，指运河中学采取多样的评价方式，尤其注重表现性评价与过程性评价，在开展表现性评价与过程性评价过程中，将量化评价与质性评价方法相结合，适应综合评价的需要，丰富评价与考试的方法，如成长记录袋、学习日记、情景测验、行为观察和开放性考试等，追求科学性、实效性和可操作性。

评价主体多元化，指运河中学在开展学生评价的过程中，从单向转为多向，增强评价主体间的互动，强调被评价者成为评价主体中的一员，建立学生、教师、家长、管理者、社区和专家等共同参与、交互作用的评价制度，以多渠道的反馈信息促进被评价者的发展。注重发挥评价的育人功能。

3. 对教师的评价

在评价的原则上，运河中学对教师的评价坚持以促进教师专业发展为核心，对教师评价的目的并不在于将教师分出三六九等，而是期望以评价的框架为教师的成长提供脚手架，让教师了解哪些是重要的、哪些是需要注意的，从而以评价来引领教师的专业成长。同时与学校实行的绩效考核结合起来，给实实在在参与课程建设与实施的教师一定支持。

在评价主体上，运河中学在教师评价中也坚持多元主体评价的方式，教师自评、学生评价与教师互评相结合。一是促进教师进行自我反思，实现自我成长与进步；二是让教师了解学生的体会与诉求，增加师生的互动与交流，在提升教育教学质量的同时促进和谐师生关系的养成；三是使教师群体之间形成良好的相互切磋的氛围，彼此之间相互借鉴、相互学习，也能够帮助减轻教师个体的负担，团结教师，凝聚智慧。

在评价内容与方式方面，一方面对教师课程设计与课程实施的效果进行表现性评价与过程性评价，同时也对教师的课程设计能力、课程实施力等相关课程建设能力进行评价，促进教师教学能力、教研能力与课程建设能力的同步提升。

五、运河文化特色课程群的构建示例

（一）"运河：历史文脉"模块课程建设示例

"运河：历史文脉"模块的课程，以运河文化中历史变迁、人文底蕴密切相关的内容为主，主要囊括运河文化中重要的历史事实、人物事迹与人文风貌。

【示例一】

以《传运河文脉 承运河精神——运河文化拓展活动课程》为例。

课程负责人：张芳颖。

授课教师：张芳颖、陈学成、侯佳琳。

1.该课程的开发依据

（1）普通高中语文课程标准的要求

随着语文课程改革的不断深入，人们越来越重视语文课程资源的开发与利用。其中，地方文化引起了相关专家和学者的高度重视，有关地方文化语文课程资源的开发也越来越多。此外，当今文化多元丰富，文化自信显得越发重要。地方文化是中华文化的重要组成部分，弘扬地方文化有利于传播中华文化，这对于培养学生的文化自信具有重要意义。《普通高中语文课程标准》在"课程资源的利用与开发"中指出："各地区都蕴藏着自然、社会、人文等方面的语文课程资源，应积极利用和开发。自然风光、文物古迹、革命传统、风俗民情、国内外的重要事件、学生的家庭生活，以及日常生活话题等，都可以成为语文课程的资源。"

大运河历史源远流长，通州是大运河北部的关键端点。明代《长安客话》卷六《畿辅杂记》记载，"国家奠鼎燕京，而以漕挽仰给东南，长河蜿蜒，势如游龙，而通州实咽喉之地"，光绪《顺天府志·经政志三·漕运》"通之水利，漕河为大，东南粟米，舳舻转输几百万石，运京仓者由石坝，留通仓者由土坝，故通于漕运非他邑比"，都记载了通州在大运河漕运历史中的重要地位和价值。

因此，大运河的历史文化可作为语文、历史、政治等学科课程资源，在体现跨学科特色，培养学生核心素养的同时，弘扬地方优秀文化，涵养学生品格，培养文化自信。

（2）语文核心素养的要求

《传运河文脉 承运河精神——运河文化拓展活动课程》，符合语文核心素养要求，以"立德树人"为根本任务，以传承中华优秀传统文化为任务，以贯彻学校"和谐发展教育"为本位。

通过课程的学习，学生将具备和提升以下素养：对大运河历史文化进行学习和体悟，培养文化自信，树立民族自豪感。对中华优秀传统文化知识进行学习和积累，对艺术能进行欣赏与评价，并能够形成自己对作品的独特理解和评判。能乐学善学、勤于反思，有自己的思考，理解语文学习的意义。具备创新意识，并能综合运用语文学习的知识解决问题。

同时，帮助学生感知艺术作品思想，理解并掌握汉语言文字运用基本规律，并能良好运用。在优秀作品中品味语言、体验情感、激发想象，形成高尚的审美情趣和品位。品味语言并体验情感，继承中华优秀传统文化，阅读和积累优秀作品，提高自身文化修养，热爱祖国语言文化，认识到中国优秀传统文化的源远流长和深刻内涵，从而促进文化的传承。

（3）源远流长的运河文化

京杭大运河历史悠久，贯通南北，对通州影响深远。不仅为运河区域文化带来的发展提供了雄厚的物质基础，而且促进了文化交流。这种以交流为特征的大运河文化有以下三方面特点。

①包容开放

善于沟通、包容开放的宽广胸怀是大运河文化的基本特征。中国大运河是一条文化的河流。它不仅直接串联起南北，沟通了黄河与长江，而且间接地连接起更为广阔的空间。这一点，对大运河文化的发展十分重要，对中国文化大格局的形成也具有十分重要的作用。从某种意义上讲，文化就是沟通。如果人与人之间没有沟通的愿望，便不会有文化的诞生。

②交流互长

中国大运河为不同区域的文化交流提供了通道，运河的开凿贯通了水系，加强了各族人民之间的团结与统一。中国大运河的开通，使东部地区与中原，南方与北方的联系更为直接而紧密，带来了大运河区域经济文化的繁荣与发展。

③创新发展

不断扩大、延伸、创新和发展是大运河文化的又一特征。随着沿大运河交往日益频繁，大运河文化传播方式，呈现大型化、现代化、社会化。便捷的交通将中国各地的经济文化等紧密联系起来，千余年来，大运河文化内涵及表现形式，不断扩大、延伸、创新和发展。

同时，大运河文化带已被列入北京三大文化带之一。在《北京市"十三五"时期加强全国文化中心建设规划》中，将"推进长城文化带、西山文化带、大运河文化带的保护利用"列入了主要任务。

因此，本课程不仅有利于传播大运河文化，而且还有利于提升学生对大运河文化的关注，加深学生对大运河文化的理解，增强学生对本地文化认同感，促进本地优秀文化的传承。

（4）运河中学对运河文化坚实的研究基础

运河中学依靠自身优势，充分挖掘和弘扬运河文化，推进课程改革。学校经过近17年的发展，通过校本课程、选修课程和社团文化等多方面的融合创新，建立了以运河文化为核心的课程体系。

学校开发出大量具有运河文化特色的校本课程和可供学生选择的选修课程。2002年开始，运河中学组织政史地、语文学科的十几位教师从不同方面对京杭大运河进行实地考察和文献研究，不断摸索和积累经验。"十一五"期间《研发"运河文化"校本课程的行动研究》科研课题分别在北京市教育学会和北京市教育科学规划办公室立项。2007至2008学年，被评为"北京市基础教育校本课程建设优秀学校"。2007年9月以来连续两年获得"通州区地方与校本课程组织优秀奖"。2006年6月《运河文化》校本教材初稿完成，9个模块共10万字。2009年更名为《运河文化读本》正式出版发行，分为5个部分37万字。2015年申报了区级科研课题"青少年传承非物质文化遗产实践研究"，组织师生进行更加系统的研究。

因此，本课程依托运河中学的运河文化研究传统，具有坚实的运河文化研究基础。

2.背景分析

（1）中华优秀传统文化进校园的教育趋势和要求

习近平总书记曾说："中华民族伟大崛起首先是文化、精神在世界上的认可、追随和崛起。文化是民族的血脉，是人民的精神家园。在我国五千多年文明发展历程中，各族人民共同创造出源远流长、博大精深的中华文化。中国共产党从成立之日起，就既是中华优秀传统文化的忠实传承者和弘扬者，又是中国先进文化的积极倡导者和发展者。"2017年，中共中央办公厅、国务院办公厅印发了《关于实施中华优秀传统文化传承发展工程的意见》，指出要以"立德树人"为根本任务，将中华优秀传统文化贯穿在各学段中，融入教育各环节，构建中华文化课程和教材体系。教育部副部长田学军在2021年全国语言文字工作会议中说："2021年是'十四五'开局之年，语言文字战线要坚持以习近平新时代中国特色社会主义思想为指导……深入挖掘充分利用语言文化资源，大力传承弘扬中华优秀语言文化。"因此，加强中华优秀传统文化教育具有重要性和紧迫性。在这样的趋势和要求下，推动传统文化进校园势在必行。而开发并实施以"运河文化"为主题的拓展活动课程就是推动传统文化的重要手段。既有利于培育和践行社会主义核心价值观，推动中华优秀传统文化传承和创新，又有利于深化中国特色社会主义教育，落实立德树人根本任务。

（2）国学教育实践在通州区的开展

北京市通州区在2009年年底成为"国学教育实验区"，全区33所中小学相继开展了国学启蒙教育实验，运河中学也加入国学实验校的队伍中。随着国学教育实践的开展，通州区自2014年开始举办国学经典诵读大赛，至今已举办六届。同时，通州区还开展了国学教育、大运河文化的培训和讲座，辐射全区中小学国学实验校，促进了大运河文化的普及，达到了较好的教育文化传承效果。有利于落实立德树人根本任务，同时，也有利于进一步完善学校的德育体系。

（3）社团活动助力课程落实

社团活动具有文化性、教育性。旨在通过丰富的文化活动，培养学生爱祖国、爱家乡的高尚品德；培养学生自尊自信、理性平和、积极向上的社会心态。树立正确的人生观、道德观、价值观，使传统文化精神内化于心、外化于行。

运河中学春雨文学社成立于2001年，主要进行征文写作、话剧表演、国学知识竞赛等活动，立足运河文化传承。已开展的活动立足于"知识滋润心灵，文化涵养校园"的文学社宗旨，选取同学们"易于参与，乐于参与"的活动，滋润了学生们的心灵，丰富了同学们的语文学习体验，活跃了校园文化，最大限度地发挥了学生社团的作用。运河春雨文学社经过22年的积淀，形成了自己独特的活动内容和活动风格，激发了学生的活动热情，达到了学生社团应有的活动效果。因此，本课程依托春雨文学社的社团开展，不仅激发了学生对表演的热爱，对弘扬中华优秀传统文化，尤其是大运河文化，也起到了推动作用。

（4）学校已有的课程基础

运河中学依托大运河文化背景和优质师资力量，将积累了十余年的"知家乡爱家乡建设家乡"教育和研究性学习资源加以整合，开发了"运河文化"校本课程。教师们分工合作编写了校本教材《运河文化读本》，教材包含运河兴建之路、运河古代建筑、运河历史人物、运河饮食文化、运河旅游资源、运河民俗节日、运河经济发展、运河特色农业、运河生态环境、运河民间艺术10个模块。从2008年开始，该教材成为高一新生的必选课。教学形式采取集中讲座与分班授课形式。学生实践活动则以研究性学习为载体，开展各种课题研究活动。小组合作研究是经常采用的组织形式，一般由3至6名学生组成课题组，聘请有一定专长的教师为指导教师。学校还以"春秋学社""春雨文学社""绘心社"等学生社团活动的形式，组织学生开展主题教育活动。同时制定了相应的评价制度，从教师和学生两方面进行课程评价。

通过拓展课程的实践，学生不仅了解了大运河显现的物质和精神文明，还了解了通州特色文化符号"运河号子"。与此同时，学生对于通州区的非物质文化遗产，如"面人汤""大风车""运河龙灯""花丝镶嵌"也有了一定的了解。以研究性学习和社团活动为载体，结合综合实践活动，具有浓郁地方特色的"运河文化"校本课程一方面备受学生欢迎，另一方面也得到了市、区教育主管部门的高度重视。北京教科院组织了"走进运河文化"现场会，市课程专家亲临指

和谐，让教育向美而生

导；《研发'运河文化'校本课程的行动研究》报告获得北京市教育学会优秀成果一等奖。校本教材《运河文化读本》获得通州区科技进步一等奖、通州区教育教学成果一等奖。

基于上述内容，《传运河文脉 承运河精神——运河文化拓展活动课程》分为"走近家乡大运河——学习大运河与通州的历史文化渊源""走近运河名人吴仲——学习有关通州漕运历史文化""走近家乡开漕节——创作剧本并展演"三个学习专题。主要表现为：运河文化的学习、开漕节剧本创作、开漕节展演等丰富多样的学习形式。

"走近家乡大运河——学习大运河与通州的历史文化渊源"和"走近运河名人吴仲——学习有关通州漕运历史文化"专题安排在高一第一学期进行；"走近家乡开漕节——创作剧本并展演"专题安排在高一第二学期进行。

3.课程实施的原则

（1）坚持坚定正确的政治方向

坚持党的领导，坚持社会主义办学方向，充分体现马克思主义的指导地位和基本立场，充分反映习近平新时代中国特色社会主义思想，有机融入坚持和发展中国特色社会主义、培育和践行社会主义核心价值观的基本内容和要求。培养学生具有良好政治素质、道德品质和健全人格，使学生坚定中国特色社会主义道路自信、理论自信、制度自信和文化自信，引导学生形成正确的世界观、人生观、价值观。

（2）坚持传承中华优秀传统文化

构建中华优秀传统文化传承体系，落实立德树人根本任务，加强社会主义核心价值观教育，从而培养德智体美劳全面发展的社会主义建设者和接班人。语言文字战线要坚持以习近平新时代中国特色社会主义思想为指导，深入挖掘充分利用语言文化资源，大力传承弘扬中华优秀语言文化。继承和弘扬中华优秀传统文化、革命文化，发展社会主义先进文化，落实中华优秀传统文化进课程。

（3）坚持落实与时俱进

文化在历史发展中具有独特的作用，尤其是中华优秀传统文化，在当今社会所起的作用更加重要。习近平总书记曾说："培育和弘扬社会主义核心价值观必须立足中华优秀传统文化。要从娃娃抓起、从学校抓起，做到进教材、进课堂、进头脑。" 要反映时代要求，反映先进的教育思想和理念，关注信息化环境下的教学改革，关注学生个性化、多样化的学习和发展需求，促进人才培养模式的转变，着力发展学生的核心素养。要紧跟时代步伐，弘扬社会主义核心价值观，达到"立德树人"的目的。

（4）坚持激趣赋能相结合

遵循教育教学规律和学生身心发展规律，贴近学生的思想、学习、生活实际，充分反映学生的成长需要，促进每个学生主动地、生动活泼地发展。提升学生感知艺术作品思想，理解掌握并运用汉语言文字基本规律的能力。基于对大运河历史文化的学习，和剧本创作与表演，激发学生想象、提升思维能力，激发主观能动性。

4.课程目标

（1）通过课程学习，了解通州和大运河的历史文化渊源。

（2）学习通州漕运历史文化，了解通州在北京发展过程中，所具有的重要的历史地位和作用。

（3）学习并理解通州"开漕节"的历史由来，并通过剧本创作、排演的形式，呈现"开漕节"盛况。

（4）通过对通州大运河历史文化的学习，感知中华优秀传统文化，尤其是大运河文化的博大精深和生命力，树立文化自信。

5.课程实施的设计

课程具体实施安排如下。

课程的实施主要在三个单元展开。第一单元主要内容为"走近家乡大运河——学习大运河与通州的历史文化渊源"，第二单元主要内容为"走近运河名人吴仲——学习有关通州漕运历史文化"，第三单元主要内容为"走近家乡开漕节——创作剧本并展演"。

表5-1　课程实施设计

课程内容	课时安排	学习内容	教师教学建议
第一单元 走近家乡大运河	本单元共3课时	学习大运河与通州的历史文化渊源。	讲授历史文化。
第一课 大运河与通州的经济	建议1课时	第1课：学习相关历史资料，了解"通州"之名的由来，了解大运河与通州经济的关系。	结合具体历史资料，引导学生了解家乡历史文化，培养家乡文化自豪感。

课程内容	课时安排	学习内容	教师教学建议
第二课 大运河与通州的文化精神	建议 2课时	第1课：从文学的层面，学习有关大运河的诗歌，了解大运河文化底蕴。	组织指导小组合作，展评学生小组合作学习成果（学生的评议和原创诗）。
		第2课：从民俗的层面，学习有关通州的传统民俗，了解大运河民俗文化。	引导学生了解家乡民俗文化，培养家乡文化自豪感。
第二单元 走近运河名人 吴仲	本单元共 2课时	学习与通州大运河有关的历史资料和相关作品。	引导探究。
第一课 吴仲与通州漕运	建议 1课时	学习相关历史资料，了解通州漕运历史，了解吴仲和漕运相关的历史故事。	结合具体历史资料，引导学生了解通州漕运文化，培养家乡文化自豪感。
第二课 吴仲与石坝土坝	建议 1课时	学习相关历史资料，了解通州石坝土坝的历史。	结合具体历史资料，引导学生进一步了解通州漕运文化，培养家乡文化自豪感。
第三单元 走近家乡开漕节	本单元共 14课时	学习通州运河有关漕运的历史故事。 创作"开漕节"剧本，排演"开漕节"。	写作、表演指导。
第一课 "开漕节"的由来和传统	建议 1课时	学习相关历史资料，了解通州"开漕节"的历史。	结合具体历史资料，引导学生进一步了解通州漕运文化，培养家乡文化自豪感。
第二课 "开漕节"剧本创作	建议 4课时	第1课：剧本创作的基本要求。	讲授剧本创作相关知识。
		第2课："开漕节"剧本主题与主线。	讲解剧本创作相关知识。
		第3课："开漕节"故事背景。	讲解开漕节相关背景。
		第4课："开漕节"中的人物角色。	创设情境，引导学生讨论。

第五章 开拓出新——学校课程的展望

课程内容	课时安排	学习内容	教师教学建议
第三课"开漕节"剧本打磨	建议4课时	第1课：专家进校园，指导"开漕节"剧本内容。	指导剧本修改。
		第2课：剧本修改。	指导剧本修改。
		第3课：专家进校园，二次指导"开漕节"剧本内容。	指导剧本修改。
		第4课：剧本二次修改。	指导剧本修改。
第四课排演"开漕节"	建议5课时	排演"开漕节"。	引导学生在"开漕节"的表演中，身临其境地感知通州璀璨的漕运文化。

6.课程评价设计

本课程采用过程性评价与结果性评价相结合的形式。

（1）评价方式

评价主体主要在师生、生生之间展开，评价方式主要是过程性评价。通过过程性评价，实现学生学科核心素养的提升。

主要评价活动的设计包括以下几方面。

1）对学生学习通州历史文化结果进行提问并评价。

2）对学生所创作的剧本进行评价。

3）对学生"开漕节"表演进行评价。

（2）评价量规

分制为百分制。学生自评、小组互评和教师评价相结合。评价量表如下表所示。

表5-2　课程评价量表

维度	要素	评价标准	分值	自我评价	小组评价	教师评价
语言建构与运用（25分）	积累与语感	能将所学历史文化知识，运用到剧本创作中。	A:22~25分　B:19~21分 C:15~18分　D:0~14分			
	整合与语理	运用已有历史文化相关知识积累，解决本课程中遇到的问题。	A:22~25分　B:19~21分 C:15~18分　D:0~14分			
	交流与语境	愿意进行有关大运河文化的文学创作。	A:22~25分　B:19~21分 C:15~18分　D:0~14分			

维度	要素	评价标准	分值	自我评价	小组评价	教师评价
思维发展与提升（25分）	联想与想象	能在开漕节剧本创作和展演时，在脑中想象画面。	A:22~25分　B:19~21分 C:15~18分　D:0~14分			
	批判与发现	在学习大运河历史文化和剧本创作时，能提出疑问或质疑。	A:22~25分　B:19~21分 C:15~18分　D:0~14分			
审美鉴赏与创造（25分）	体验与感悟	在创作剧本时，能体会并表达出人物的情感。	A:22~25分　B:19~21分 C:15~18分　D:0~14分			
	欣赏与评价	能对剧本中的人物和情节进行评价和体悟。	A:22~25分　B:19~21分 C:15~18分　D:0~14分			
	表现与创新	能情绪饱满地进行"开漕节"表演。	A:22~25分　B:19~21分 C:15~18分　D:0~14分			
文化传承与理解（25分）	意识与态度	感受到中华优秀传统文化，尤其是大运河文化，博大精深；有文化自豪感。	A:22~25分　B:19~21分 C:15~18分　D:0~14分			
	选择与继承包容与借鉴	在日常学习中，能运用在本课程中学到的有关大运河文化的知识。	A:22~25分　B:19~21分 C:15~18分　D:0~14分			
	关注与参与	愿意参与学校或社会举办的有关弘扬大运河文化的活动。	A:22~25分　B:19~21分 C:15~18分　D:0~14分			

7.课程实施的主要特色

《传运河文脉　承运河精神——运河文化拓展活动课程》通过跨学科领域课程系统设计，致力于实现课程实施方式及组织形式多样性与创新性，课程评价方式与过程突破，完善学校的课程结构，彰显运河地方办学特色。落实中华优秀传统文化进课堂，实现"立德树人"教育根本任务，体现运河中学教育"有温度教育"的价值追求和"一切为了学生发展"的育人特色。增加课程的趣味性和文化性，知识建构和传承中华优秀传统文化并举，引导学生传承中华优秀传统文化，涵养品格，全面提升学科核心素养。

具体表现为以下几方面。

（1）传承优秀运河文化

教师要带领学生打开生活的大门，要借助优秀的地方文化拓宽学生的视野，让学生学会独立思考，正确看待身边事物。教育不仅要传授给学生知识，而且还要培养学生健全的人格。因此，可以借助优秀的文化资源丰富学生的知识储备，实现对学生的人格陶冶，从而提升学生的素养，把"德育为先，五育并举"这一党的教育方针落到实处。

随着信息的全球化，各地文化发展也日益趋同，地方文化是一个地方区别于另一个地方的重要标志，这时我们必须加强对地方文化的重视，提升个人对地方文化的保护意识。利用优秀的运河文化资源开发拓展活动课程，不仅有利于传播本地区的优秀传统文化，而且还有利于提升学生对运河文化的关注，加深学生对运河文化的理解，增强学生对本地文化认同感，促进本地优秀文化的传承。

（2）提升学生文化素养

为了促进学生发展，提升学生核心素养，在课程开发过程中，将结合学生的兴趣和需求，选取大运河历史文化相关内容进行学习。同时，加强对学生听、说、读、写方面的练习，把课内和课外知识联系起来，帮助学生构建跨学科知识体系，增强学生文化底蕴。同时注重学生的个性化需求，给学生提供多种学习素材，尽可能满足学生的多样化需求。让学生在积累文化知识的过程中进行语言的建构和应用，在正确认识地方文化的过程中提升思维品质，在鉴赏文化的过程中提升审美趣味，在感受文化魅力的过程中实现理解和传承。

综上所述，《传运河文脉 承运河精神——运河文化拓展活动课程》在遵循国家课程方案和课程标准的基础上，在确保实现"立德树人"教育根本任务的前提下，为了落实中华优秀传统文化进课堂，增加课程的趣味性和文化性，知识建构和传承中华优秀传统文化并举，调整和细化课程目标以适宜结合运河中学"一切为了学生发展"的办学宗旨、"和谐发展教育"的办学理念，围绕运河文化，以"实践式""问题探究式""多媒体辅助式"的实施方式，以大运河漕运历史文化为依据，调整、拓展、补充、整合国家课程相关内容，进行跨学科跨领域课程系统设计。致力于实现课程实施方式及组织形式多样性与创新性，课程评价方式与过程突破，帮助学生全面提升学科核心素养，力求实现学生全面发展。让学生在讲好家乡故事的同时，使之成为运河文化的守护者、传承者。

【示例二】

以大运河文化研学旅行（跨学科）课程为例。

课程负责人：李云鹏。

授课教师：李云鹏、潘晓卉、王锰、张陶、陈学成、王晓光、蔚占琦、卞若琳、陈希、肖智、毕琳雯婷、陈伟、刘璇、曹莹莹、杨泽诗。

1.大运河文化研学旅行（跨学科）课程案例设计

基本信息				
课题	越韵吴风　运河水乡			
学科	地理	学段：高中	年级	高一
相关领域	地理及相关学科			

课程背景
北京市通州区运河中学有着优良的教育教学传统和深厚的文化积淀，以治学严谨、育人有方享有盛誉。办学的指导思想，让学生得到充分发展，使每个人都达到他所能达到的最高水平是学校的教育追求。使每个人都要不断学习更新科学文化知识，积累生存所必需的知识和能力。学校始终坚持"以人为本"的管理思想，秉承"一切为了学生发展"的办学宗旨，坚持"依法治校，规范办学，追求卓越，争创一流"的办学指导思想，并以"严谨、求实、勤奋、创新"为校训，形成了"和谐发展教育"的办学特色。 　根据学校的办学宗旨及特色，特制定本次研学线路。以京杭大运河连接的五大江河的交汇城市和地区为学习区域，以这些地区的古代建筑、饮食文化、历史名人、民俗节日、民间艺术为学习主线，以博物馆，各地运河中学、旅游景区，名人故居，水利工程为学习资源，以体验、欣赏、互动、交流为学习方式，以行前、行中、行后三个阶段进行课程的实施。通过这个课程，学生可以实地了解大运河沿岸现存的历史遗迹，加深对京杭大运河历史发展的认识，了解运河两岸人民当今的社会状态。学习千百年来流传下来的"生生不息"的运河精神，认同运河文化，热爱自己的国家。"以人为本，服务社会，追求发展，追求卓越"的办学宗旨，已经成为全体师生的共同教育价值观。尊重学生个性，满足学生发展要求，使全体学生在生动活泼的教育教学活动中得到主动的、充分的发展成为教育教学改革的永恒主题和教育追求，注重学科基础，培养学生良好的科学素养是学校教学的重要特色，注重品德培养，关注学生心理健康和人格发展是全体教师共同的认识，学校人才培养目标是："会做人，会求知，会办事，会生活。"学校的校训是："诚信、严谨、求是、拓新。"依据学校"以人为本，服务社会，追求发展，追求卓越"的办学宗旨，同时为了学生更加深入、系统地了解中华传统文化的发展与传承，特制定此次研学线路，让同学们了解运河文化史。

课程特色
1.课程理念：以学生为本，凸显研学本质体验式学习方式，在实践中培养学科素养，为形成核心素养奠基。
2.课程目标：开阔眼界、拓展知识、提升能力、学会合作、能够创新。
3.课程安排：一地一课程，一日一主题。本课例共六课时。
4.组织形式：全程研学导师陪伴式教育、团队建设、分组活动、角色担当、动手体验。
5.评价体系：建立组织评价，参与度评价，课程内容指标评价，团体评价，自我评价。
6.服务保障：吃住行标准化采购体系，完善的安全预案及应急保障体系，健全的保险体系。

课程亮点
1.中国京杭大运河博物馆：中国唯一一个以千年运河为主题的博物馆。毗邻大运河南端终点标志——拱宸桥。运河文化广场一直延伸到大运河岸边，古老的拱宸桥与博物馆遥相辉映。
2.乘坐古色漕舫沿"天堂玉带，千秋画卷"的古运河深切感受大运河千年遗韵，一路穿越古今，读懂两千年。
3.漫步西湖：漫步陆羽故乡，西湖之畔，微风轻拂，柳条摇曳。
4.乌镇西栅：通过定向越野的活动，深刻了解江南水乡风俗人情。
5.枫桥景区："姑苏城外寒山寺，夜半钟声到客船。"因张继《枫桥夜泊》而闻名。位于京杭大运河一段。参观景区内漕运博物馆，体会当时苏州漕运的繁华。
6.拙政园：苏州存在的最大的古典园林。全园以水为中心，山水萦绕，亭榭精美，花木繁茂，具有浓郁的江南地方水乡特色。

学科关联知识简介

语文：

篆刻艺术是中国独特而又宝贵的文化遗产，书法与篆刻融为一体，在感受中国古代书法造诣的同时学习中国古代书法和汉字的发展历程。

历史：

1.了解运河开凿历史和运河对吴越文化的发展和影响，感受对南北经济、文化交流的重要作用。

2.感受运河作为沟通南北的桥梁，所创造的可感知的运河物质文化。感受运河文化在礼俗、风俗、民俗等方面的影响。通过运河文化感受吴越文化灵魂，了解吴越文化所反映的价值观念、审美情趣、思维方式等方面的差异。

3.江南水乡居民的历史可以追溯到距今七千年的河姆渡文化。根据乌镇的居民建筑、生活方式，分析其建筑艺术特点及文化影响。

4.欣赏乌镇的建筑特色，远眺明清建筑群风光，挖掘文化内涵，分析非遗文化产生和发展的地理环境因素。

5.感受杭州历史经典，思考杭州的文化价值及其影响。

6.学习运河的发展史，梳理运河带来经济文化的发展变化。

地理：

1.了解京杭大运河按照地理位置划分的运河区域，感受京杭大运河作为南北交通大动脉，对沿线城市的发展作用以及对思想文化的繁荣做出的巨大贡献。

和谐，让教育向美而生

2.小组合作，通过调查采访，了解当地的生活方式和经济条件；结合地理知识，比较运河周围与其他地区的经济发展的区别。实地考察开凿运河对周围人民生活和自然环境的影响，以及水运的交通方式对经济发展的作用，从而探寻运河文化。

3.根据杭州城市的发展趋势，分析杭州内部空间结构；分析当地的经济发展状况对杭州地理环境造成了哪些影响，提高环保意识。

4.探究运河文化中的重要作用，了解运河文化的价值。

具体课程安排
第一课时　【研学启程　欢乐之旅】

1.北京有_____个火车站。列车车次前面的字母代表的意义：K，T，D，G。北京西到杭州铁路距离1 280千米，本次高铁的发车时间是07:20，到达时间是下午13:00。那么，火车的时速大约是_____。

2.请查阅相关资料，说明铁路运输与其他运输相比，有什么优势？

3.Design a table to describe the train travel briefly, including destination, departure time, arrival time, transportation tool, length of travel and ticket price. （用英语简述本次 train travel，包括出发地/时间、目的地/到达时间、交通工具、乘坐时间、票价）

【知识链接】

铁路最早来源于哪个国家？

　　1825年，英国人史蒂文先生首先在英国修建了从斯托克顿至达林顿的世界上第一条公共服务铁路。这条铁路长不到20 km，以速度为24 km/h(15 mile/h)的蒸汽机车牵引34节车厢行驶，车厢内共载有600名乘客及900吨货物，此为世界铁路运输史的开端。此后，欧洲各国开始对这种车头冒着浓烟、行驶于两条平行铁轨上的新型车辆发生兴趣，而纷纷兴建铁路。

第二课时　【东方剑桥　国士无双】

4.浙江大学（Zhejiang University），简称"浙大"，坐落于"人间天堂"杭州。前身是1897年创建的求是书院，是中国人自己最早创办的新式高等学校之一。1928年定名为浙江大学。国民党执政时期，浙江大学在竺可桢老校长的带领下，崛起为中华民国最高学府之一，被英国科学史家李约瑟誉为"东方剑桥"，迎来了浙大百年校史中最辉煌的时期。

5.浙江大学建立于清光绪二十三年（1897），是中国近代史上效法西方学制最早创办的几所新式高等学校之一，那么你知道浙江大学的校庆纪念日是哪一天？（　　　　）

A.4月1日　　B.7月1日　　　C.5月21日　　　　D.7月21日

6.浙大校训"求是创新"。1938年11月1日，竺可桢校长在广西宜山的开学典礼上发表演讲，并提出要以"求是"两字为校训。1988年5月5日，由路甬祥校长主持的校务会议决定以"求是创新"为新时期浙江大学校训。1995年潘云鹤在浙江大学教学工作会议上提出了知识、能力、素质并重的人才培养新模式，使得"求是创新"的方法和路径更为具体、明确。结合"中国梦"谈谈你对"求是创新"精神的理解。

第三课时 【运河溯回 西湖漫步】

中国京杭大运河博物馆,位于杭州拱墅区运河文化广场南侧,毗邻大运河南端终点标志——拱宸桥。博物馆投资一亿多元人民币,建筑面积一万余平方米,展览面积五千余平方米,分序厅和"大运河的开凿与变迁""大运河的利用""运河畔的城市"和"运河文化"四个展厅等。目前收集、展出的上千件文物和史料,充分展示了大运河在中华民族发展历史中的地位和作用。

西泠印社,创建于清光绪三十年(1904),由浙派篆刻家丁辅之、王福庵、吴隐、叶为铭等召集同人发起创建,吴昌硕为第一任社长。以"保存金石,研究印学,兼及书画"为宗旨。是海内外研究金石篆刻历史最悠久、成就最高、影响最广的国际性研究印学、书画的民间艺术团体,有"天下第一名社"之誉。

浙江省博物馆始建于1929年,初名"浙江省西湖博物馆",经过80余年的发展,她已发展成为浙江省内规模最大的综合性人文科学博物馆,形成了包括孤山馆区、武林馆区、名人旧居、文物保护科研基地等在内的多层次、广范围的陈列展示与服务社会的新格局。浙江省博物馆馆藏文物及标本十万余件,文物品类丰富,年代序列完整。其中,河姆渡文化遗物,良渚文化玉器、越文化遗存、越窑、龙泉窑青瓷,五代两宋佛教文物,汉代会稽镜,宋代湖州镜,南宋金银货币,历代书画和金石拓本,历代漆器等,都是极具地域特色及学术价值的珍贵历史文物。

7.举世闻名的京杭大运河,是世界上最长的一条人工运河。你知道京杭大运河最早是在谁统治时期开凿的吗(　　　　)

A.隋文帝　　B.隋炀帝　　C.汉高祖　　D.汉武帝

8.世界十大运河依长度排名分别为_____

_____。其中京杭大运河为最长,工程最大。

9.在京杭大运河博物馆中寻找高40多厘米、底面积约52平方厘米的锥形木制用具,试着回答下列问题吧。

(1)斛,是我国旧器名,也是容量单位。南宋前一斛本为____斗,南宋末改为____斗。

(2)官斛就是官府用的标准量器,当年,农民交皇粮就是用它来计量质量,一斛大约是35.8千克。稻米称重后由官员登记,打包送上运河漕船,经过几个月的运输,粮食也许到了某个守卫北京城官兵的家里,成了饷粮。成语"渴尘万斛"的意思是十分想念。通常形容(　)之间。

A.朋友　　B.家人　　C.兄弟

10.请写出京杭大运河自南向北经过的省和沟通的五大水系。

11.元代时有漕运,用今天的话来说,漕运就是利用水道(河道和海道)调运粮食(主要是公粮)的一种专业运输。请写出漕运的意义。

和谐,让教育向美而生

12.有人将大运河誉为"大地史诗"，它与万里长城交相辉映，京杭大运河起点是北京（40° N，116° E），终到杭州(30° N，120° E),地球半径约定于6 400 km，尝试计算京杭大运河起点到终点的支线距离。

13.阅读诗词，请回答问题。

山外青山楼外楼，西湖歌舞几时休？暖风熏得游人醉，直把杭州作汴州。——（宋）林升

（1）材料中的"杭州""汴州"在当时还称为什么？诗中所反映的是哪一朝代的情况？

（2）诗中表达了作者什么样的思想感情？

14.万古不磨意，中流自在心。西泠印社第七任社长、杭州市荣誉市民、国际汉学界一代宗师饶宗颐教授享年101岁。饶宗颐曾自述："我家以前开有四家钱庄，在潮州是首富，按理似乎可以造就出一个玩物丧志的公子哥儿，但命里注定我要去做学问，我终于成了一个学者。我小时候十分孤独，母亲在我两岁时因病去世，父亲一直生活在沉闷之中，但他对我的影响很大。我有五个基础来自家学，一是家里训练我写诗、填词，写骈文、散文；二是写字画画；三是目录学；四是儒、释、道；五是乾嘉学派的治学方法。"家学是做学问的方便法门，而自学与"开窍"十分重要。通过参观西泠印社，你对饶宗颐老先生有什么样的感受？具体说说，你的自学方法有哪些？

第四课时 【山色水韵 魅力水乡】

乌镇，虽然没有杭州西湖的绝美，没有苏州园林的气派奢华，但乌镇有着江南水乡独特的魅力，洗尽铅华后婉约的静谧。虽然现在的乌镇，来来往往游人如织，但乌镇始终是安静的，她骨子里透着安静的气质，让每一个来这里寻梦的人，都可以找到心灵的慰藉。乌镇除了具有江南水乡景色秀美的特点，还有很多与众不同的独特风韵。相信在此次旅程中，你一定会有所收获。

枫桥风景名胜区是以寒山古寺、江枫古桥、铁铃古关、枫桥古镇和古运河"五古"为主要游览内容的省级风景名胜区。枫桥景区从1986年开始规划建设，被国家旅游局纳入国家旅游发展计划。经过多年的发展建设，现已成为旅游环境优美，人文景观丰富，具有江南水乡古镇风貌的风景名胜区。现开放景点有枫桥苑、枫桥铁铃关、特色旅游项目"枫桥古镇水上游"、枫桥书场等。隋唐以来由古运河孕育出繁荣的枫桥镇；始建于梁代的寒山寺香火延续至今。

15.乌镇三白酒由哪三样食材做的，别名是什么？

16.草木本色染坊始于哪个朝代？它的彩色是从当地哪些草本植物中提取的？

17.乌镇有历史记载以来的最早的酱园是什么？主要经营哪几种酱制食品？

18.昭明书院得名于曾在乌镇筑馆读书的南朝梁昭明太子萧统。正门入口有一座石牌坊，建立在哪个朝代，上题四字是什么？

19.乌镇是为了纪念唐代哪位将军而得名的？为纪念他建造了哪座建筑？

20.恒益堂中药店原来是乌镇的哪家大户人家的门厅，原来是经营什么生意的？

第五课时 【杏花烟雨 江南园林】

拙政园位于苏州城东北隅（东北街178号），截至2014年，仍是苏州存在的最大的古典园林，占地78亩（约合5.2公顷）。全园以水为中心，山水萦绕，亭榭精美，花木繁茂，具有浓郁的江南水乡特色。花园分为东、中、西三部分，东花园开阔疏朗，中花园是全园精华所在，西花园建筑精美，各具特色。园南为住宅区，体现典型江南地区传统民居多进的格局。园南还建有苏州园林博物馆，是国内唯一的园林专题博物馆。

阅读下面文段，完成小题。

说 "园"

我国造园具有悠久的历史，在世界园林中树立着独特风格，自来学者从各方面进行分析研究，各抒高见，如今就我在接触园林中所见闻掇拾到的，提出来谈谈，姑名"说'园'"。园有静观、动观之分，这一点我们在造园之先，首要考虑。何谓静观，就是园中予游者多驻足的观赏点；动观就是要有较长的游览线。二者说来，小园应以静观为主，动观为辅。大园则以动观为主，静观为辅。前者如苏州"网师园"，后者则苏州"拙政园"差可似之。人们进入网师园宜坐宜留之建筑多，绕池一周，有槛前细数游鱼，有亭中待月迎风，而轩外花影移墙，峰峦当窗，宛然如画，静中生趣。至于拙政园径缘池转，廊引人随，与"日午画船桥下过，衣香人影太匆匆"的瘦西湖相仿佛，妙在移步换影，这是动观。中国园林是由建筑、山水、花木等组合而成的一个综合艺术品，富有诗情画意。叠山理水要造成"虽由人作，宛自天开"的境界。山与水的关系究竟如何呢？简言之，模山范水，用局部之景而非缩小，处理原则悉符画本。山贵有脉，水贵有源，脉源贯通，全园生动。我曾经用"水随山转，山因水活"与"溪水因山成曲折，山蹊随地作低平"来说明山水之间的关系，也就是从真山真水中所得到的启示。明末清初叠山家张南垣主张用平冈小陂、陵阜陂阪，也就是要使园林山接近自然。如果我们能初步理解这个道理，就不至于离自然太远，多少能呈现水石交融的美妙境界。

和谐，让教育向美而生

中国园林的树木栽植，不仅为了绿化，要具有画意。窗外花树一角，即折枝尺幅；山间古树三五，幽篁一丛，乃模拟枯木竹石图。重姿态，不讲品种，和盆栽一样，能"入画"。拙政园的枫杨、网师园的古柏，都是一园之胜，左右大局，如果这些饶有画意的古木去了，一园景色顿减。树木品种又多有特色，如苏州留园原多白皮松、怡园多松、梅，沧浪亭满种箬竹，各具风貌。一个地方的园林应该有那个地方的植物特色，并且土生土长的树木存活率大，成长得快，几年可茂然成林。它与植物园有别，是以观赏为主，而非以种多斗奇。要能做到"园以景胜，景因园异"，那真是不容易。同中求不同，不同中求同，我国园林是各具风格的。古代园林在这方面下过功夫，虽亭台楼阁，山石水池，而能做到风花雪月，光景常新。我们民族在欣赏艺术上存乎一种特性，花木重姿态，音乐重旋律，书画重笔意等，都表现了要用水磨功夫，才能达到耐看耐听，禁得起细细的推敲，蕴藉有余味。在民族形式的探讨上，这些似乎对我们有所启发。

（节选自《陈从周园林随笔》）

21.下面的内容，不能直接体现"静中生趣"的一项是（　　　　）

A.绕池一周，有时走走，有时可驻足。　　　B.止步槛前，细数清水中游动的鱼儿。

C.坐在亭中，迎着清风等待欣赏月色。　　　D.透过轩窗，注视墙上花影随风摇曳。

22.下面对文段的理解和分析，正确的一项是（　　　　）

A.作者从我国造园历史发展过程的角度，介绍中国园林独树一帜的艺术风格。

B.用拙政园和瘦西湖的例子作对比，说明中国园林移步换影和动中生趣之妙。

C.用平冈小陂、陵阜陂阪的例子，说明中国园林的建造要与大自然完全一致。

D.中国园林的亭台楼阁和山水花木余味悠长，符合传统的民族欣赏艺术特性。

第六课时　【课后总结反思评价】

任务一：为了让大家在参观的过程中收获更多，一定要掌握观察方法，在观察中还要结合小组的研究主题进行深入思考，这是形成你们研究发现的关键。为了提醒你们更好地观察和研究，特做如下观察提示，针对提示内容，进行挖掘和积累，为完成研究报告收集更丰富的素材。在观察的时候还要选择好观察重点，小组要确定好立足点。

1.数字观察：例如，窗户、柱子、门、雕塑等，注意数一数数量；藏品的数量。

2.色彩观察：例如，色彩运用中的不同含义。

3.纹饰观察：注意观察形状、色彩、意义、数量、象征的内容。

4.题名观察：例如，字体的特点，可用成语描述；存在的位置，题名的来源和有关人物、有关历史事件、典故。

5.对联观察：例如，区分上联和下联的方法，对联的内容和意思、书法字体的特点，区别行书、篆书、隶书、草书、楷书的方法，对联内容与场馆内容之间的关联。

6.建筑观察：例如，亭、台、楼、阁、轩、榭等区别。

7.植物观察：例如，植物的种类、分布等。

任务二：为了帮助大家对本次活动进行合理的选题，下面提供以下可以选择的题目，每个小组根据实际，选择一个命题，然后完成研究报告。如果你有其他的研究点，也可以在以下命题之外自己拟定。

1.古诗中的西湖

2.京杭大运河与南水北调的关系

3.水上"唐诗之路"研究——以隋唐大运河沿线诗歌创作为中心

4.杭州运河文化遗产保护

5.拙政园诗集研究

6.江南园林与皇家园林的比较

7.谈谈那些不为人知的对联

8.高中生职业发展态度研究

研学活动守则

【带队教师】

1.对整个研学活动的进程和学生的安全负责,对管理教师组织管理情况给予评价。

2.对活动中的突发事件进行及时的有效处理,定时向学校汇报每天游学的活动情况。

3.本着有利于研学活动安全、有序、愉快的原则,遵照研学合同安排进行有效的组织,积极与合作单位交涉、协调。

【管理教师】

1.了解行程安排,对本组学生安全负责,对本组活动进程监控与组织。

2.积极指导学生组长,调动学生安全有序愉快地进行游学活动。督促每天按照课程进行有计划的活动,督促学生完成课程计划。

3.随时观察学生状况,与学生沟通交流,掌握学生的基本情况,有问题及时向带队领导汇报。

4.活动结束之后负责督促本组的研学总结和汇报。

【学生组长】

1.协调教师组织本组的学生活动,随时向教师汇报本组学生人数的情况。

2.组长负责集合召集点名,站队组织,站在本组的第一位。

3.组长负责房间休息的检查,退房、出餐厅、下车的收容工作在行队中的最后一个。

4.负责后期的汇报和上交作业工作。

【研学成员】

1.活动前利用课余时间查阅游学的相关资料,了解本地的地域、人文等文化。

2.准备好服装和鞋帽(穿校服)、生活用品、适量的现金。食品药品、雨具、相机、学生证、身份证。

3.活动时严格遵守活动安排,服从教师和组长的管理,不单独离队,有事及时汇报。注意保管随身财物及贵重物品,注意人身安全。

4.住进宾馆后,除统一组织的组内活动,不得串房间,不得随意离开房间外出。

5.假期将课程心得、照片等进行整理,开学后将整套课程作业和学习资料上交。

【学生家长】

1.家长安排好孩子外出前的准备工作,并进行纪律教育和安全自护教育。

2.学生外出和返回地点在学校,家长按照家长信时间接送孩子。

和谐,让教育向美而生

课程效果评价				

1. 学生学习效果评价

评价项目	具体评价内容	好	较好	一般	差
教学内容	深刻精练，重点突出				
	准确好懂，系统性强				
	分析透彻，具有创见				
教学方法	切合实际				
	很有启发性				
	媒体运用得当，效果突出				
教学效果	学习收效大				
	知识价值高				
	能力形成好				

2. 教师教学效果评价

		好	较好	一般	差
教学目标设计	教学目标清晰具体				
	针对学生实际状态				
	考虑学生发展可能				
教学内容设计	体现与生活世界沟通				
	体现灵活结构性				
	体现学科教育价值				
教学过程设计	师生双方活动形式				
	考虑双方活动有效性				
	开放设计有度有弹性				

2.大运河文化研学旅行（跨学科）课程开发策略

（1）大运河文化研学旅行课程与校本课程融合策略

我校利用得天独厚的运河地域资源，从2002年起在研究性学习的探索实践中，对运河文化进行了较为深入的研究，编辑出版《运河文化读本》。以运河文化校本课程为基础，挖掘研学旅行资源，因地制宜地开展研学活动，分析设计和实施研学旅行课程时需要关注的主要问题。

充分挖掘研学旅行地域资源。长距离、长时间的研学旅行活动需要的资金和资源都很多，组织的难度自然也很大，不可能成为常态的学校课程。在这种情况下，要实现研学旅行和学校课程的有机融合，就必须善于从自然风光、革命历史、传统文化、改革发展等多方面深入挖掘研学旅行资源，因地制宜地开展研学活动。

以"运河文化"为本校校本课程开发的主要内容及特色并兼顾其他领域。类型包括学科拓展型、知识延伸型、兴趣爱好型、美育鉴赏型、动手操作型；内容大致分为科技类、人文类、艺术类、文学类、体育类。涉及的学科有政治、语文、英语、物理、化学、生物、历史、艺术、计算机、体育、心理、劳动技术等。运河文化研学旅行和学校课程融合，加强学校课程和自然、社会的联系，营造了绿色、阳光、生机勃勃的学校课程新生态。

（2）大运河文化研学旅行课程与多学科课程融合策略

研学旅行课程具有综合实践课程的基本样态，它是复合型、多功能的课程。但是在具体的课程规划和建构时，在关注综合的同时突出某个学科的特点，从而做到点面结合。正是从这一思路出发，以地理学科为主，多学科融合。研学旅行和学校课程要实现全面、深度融通，而非局部、肤浅拼接。具体而言，就是要将研学旅行深入学校课程的方方面面，既要将其融入综合实践活动课程中，也要将其融入学科课程中。

（3）大运河文化线上研学旅行课程微课开发策略

因疫情影响，运河文化研学活动无法正常实施，为使课题研究有序开展，满足学生需求，综合地理、历史、语文、美术、音乐等相关学科，围绕人文地理、风土民情等采用多学科综合开发线上研学微课课程，让学生体验"云"研学。从更新的视角，让学生领会运河文化的精髓，收到良好效果。

（4）评价跟进，形成研学旅行课程评价策略

研学旅行的评价包括研学过程性评价（见下表5-3，5-4，5-5，5-6，5-7）和总结性的评价，研学过程性评价与研学任务相匹配，一地一方案，以保持研学与评价的一致性，评价以简易和可操作为原则，不易过于细化，增加学生负担，包括德育、文化认同、劳动教育等评价。总结性评价主要包括课后总结汇报展示、优秀研学手册评比等。

和谐，让教育向美而生

表5-3 德育方面评价策略

一级维度	二级维度	行为指标
三自 （自理、自立、自主）	自理	1.能够独立完成交通、餐饮、住宿、活动的具体事务要求
		2.衣服干净，行李整洁，形象端庄
	自立	3.注重公共场所规则，遵守秩序，不喧哗，不打闹
		4.文明用语，待人礼貌，礼仪得体
		5.出行中注意自我保护，遇到突发情况时有一定的应急能力
		6.能提前预测事情发展和变化，做好相关准备
		7.与人相处自然、平等、善于沟通
	自主	8.能主动承担集体事务
		9.对自己的行为勇于承担后果
		10.发现他人的需求，主动提供帮助
		11.富有爱心，具备责任感

表5-4 文化认同方面评价策略

一级维度	二级维度	行为指标
优秀传统文化	文化认知	1.能说出当地的风土人情和1~2个文化人物或历史事迹
		2.结合课本能从多学科角度阐释当地的自然、人文特色
		3.能比较不同地区文化异同
	文化认同	4.能初步阐释当地特色文化产生原因和发展过程
		5.辩证看待文化中的积极因素和消极因素
		6.能预测文化发展趋势，并提出合理化建议

表5-5　劳动教育方面评价策略

一级维度	二级维度	行为指标
劳动力	劳动技能	1.能积极参加组织的劳动体验，过程中认真、投入
		2.知悉劳动过程，愿意了解其中的奥妙与创新之处
	劳动情感	3.从节约粮食等细节处能反映出对劳动成果的珍惜
		4.劳动体验过程中能发现问题，与劳动者进行沟通
		5.劳动体验过程中能保持耐心、细致
	劳动价值观	6.能够从内心认同劳动光荣、劳动不分贵贱、劳动创造人生与社会的观念
		7.能够做好研学旅行过程中需要做好的自理事务，做好身边的小事

表5-6　城市文明方面评价策略

一级维度	二级维度	行为指标
感悟城市文明	城市概貌	1.能够简要说出游览城市的地理位置、人口密度、气候特征和基本特点
		2.能够列举城市主要建筑物、美味和城市人物
	城市历史	3.能够简要描述城市发展历程
		4.能够结合教材相关知识，简要列举城市经济类型和领先行业
	城市精神	5.能够通过和当地人的交流了解城市一方人的特点
		6.能够学说当地人的方言、戏曲等，或者学做一项技艺
		7.能够简要分析该城市发展理念和战略方向
		8.能够简要概括该城市的文化特色

和谐，让教育向美而生

表5-7　职业规划方面评价策略

一级维度	二级维度	行为指标
生涯规划能力	自我认识	1.从交往和活动中能客观评价自己的长处和不足
		2.更进一步发现自我兴趣、爱好、特长
		3.能从整体的、系统的客观数据中初步认识自我
	社会认知	4.过程中能积极参与社会体验活动，对外部世界的运行、管理有一定认识
		5.能够体会各行业中的文化，并能够从优秀人物身上汲取精神营养
	愿景规划	6.学习过程中能够联系时代特征和人生发展，有深刻的对价值意义的思考
		7.能够以适当的方式呈现或表达自己对社会、对人生的思考与规划

3.大运河文化研学旅行课程内容体系构成

课程体系以两个内涵、四个主题、四个知识情境组成，经过有机组合形成一个完整的体系。以"溯水之源·流动的脉搏""治水之智·跨越与连接""兴水之利·漕运与春秋""润水之泽·市井与韵味"为四大主题，以运河与环境、运河与智慧、运河与航运、运河与人文为知识层面四大维度，以全面深度地了解运河、深化"大运河保护"为课程内涵。

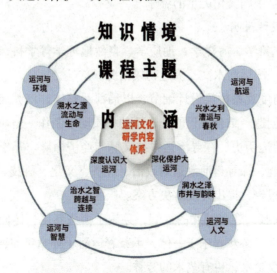

图5-10　大运河文化研学旅行课程体系

4.课程主题设计说明

（1）"溯水之源 · 流动的脉搏"主题：地球表层的水由地球内部溢出，经过约35亿年的积聚和演变，逐渐形成今天的水圈。水是人类不可缺少的自然资源。大运河沿岸因水而繁盛，人与水的相互关系在大运河的千年历程中展现得淋漓尽致。从"水"的主题出发去了解运河水的来源，探寻人与水之间的紧密关联。

（2）"治水之智 · 跨越与连接"主题："一座拱宸桥，半部杭州史"，拱宸桥横跨在京杭大运河已有300多年，至今为止大运河（杭州段）上共有15座桥，形态各异，文化多样，让我们一起走进大运河的桥，去了解桥的秘密。

（3）在中国大运河的历史上，漕运有着非常重要的地位。从吴王夫差开凿邗沟，到隋炀帝开通隋唐大运河，再到明清时期修缮京杭大运河，运河漕运始终维系着国家的命脉。如今漕运依旧承担着非常重要的南部内河航运作用。如何利用现代化手段恢复漕运，沿岸调查，出示调查报告及解决方案，从政治、经济、文化等多方面多角度考虑，去恢复千百年来的漕运曙光。

（4）大运河在时间和空间的流淌中，形成了两岸缘水而成，应水而生的市井文化，市井的形成也如大运河一般成为增进人类交往和沟通的重要渠道，它们在历史的这条时间线上，演绎着一个接一个的故事。如运河手工技艺、运河儿戏、运河戏曲等是中国文化诞生的温床之一。

5.知识情景设计说明

（1）跨越气象学、海洋学、地质学、自然地理学等学科，探寻水的形成。了解水文知识，观测运河水文及周边物候情况。

（2）换个角度观察桥梁设计细节，以局部看整体，培养局部观察能力，探寻拱宸桥的艺术创造。结合工程原理、桥的材质动手制作一座属于自己的桥。

（3）了解漕运历史，探寻漕运科技文脉与经济命脉。基于"大运河被称之为国脉"这一主题，探寻运河漕运对政治、经济、文化、科技、文化民俗方面的影响并出具考察报告，提出开发解决方案。

（4）穿上汉服，迎着城北的炊烟，穿梭于街头巷尾，体验古韵遗风。融乡间民俗、文体活动、游戏娱乐于一体，承载着运河子孙童年的纯真和欢乐。体会大运河流淌的不仅是水，更有艺术的芳香。

6.大运河文化研学旅行课程安全保障

研学活动的主体是学生，但是教师是整个活动的总指挥，是指导者。活动能否顺利有效安全地完成，教师的前期准备至关重要，必须把安全问题放在第一位。第一，教师自己要提前对运河文化研学涉及的学科知识、学科学习方法有详细的认识和准确的把握。活动之前教师必须前期排查安全隐患，要关注资源周边交通、餐饮、休憩、卫生间等设施条件，尽量要选取设施齐全、整洁卫生、管理规范的区域开展研学活动，便于学生安全、高效地开展，获得最佳学习效果。第二，与家长进行有效沟通，得到家长大力支持。召开行前家长会，明确研学活动要求和纪律，签订安全承诺书。第三，活动前要做好学生安全教育和纪律要求，保证活动顺利实施。

（1）安全须知

①听从研学导师的安排和指挥，注意安全，以免发生走失或迷路的意外情况；

②贵重物品请随身携带；

③背包不要手提，要背在双肩，以便于游览；

④花粉过敏者提前服药，注意遮盖裸露皮肤；

⑤全程轻装，少带行李，以免过多消耗体力，影响行进；

⑥活动时请穿校服及轻松舒适的运动鞋，准备好干粮等食物和充足的饮用水，以便及时补充能量和水分；

⑦活动行进中，切勿分心东张西望、交头接耳，注意周围情况，如需拍摄风景，需止步拍摄，以免造成不必要的伤害；

⑧不在危险处照相，以防发生意外；

⑨休息时不要坐在潮湿的地上和风口处，出汗时可稍松衣领，不要脱衣摘帽，以防伤风受寒。

（2）物品准备

同学们，你们的独立生活就要开始啦，快来整理你的旅行箱吧！

（建议：独立完成后家长进行检查填补。自己完成的画"√"，家长帮助完成的画"/"）

表5-8　旅游物品清单

物品名称	数量	出发时清点	返回时清点
行李包○　　　随身双肩背包○　　　小拎包○			
研学手册○　　　阅读的书籍○　　　笔○			
手机○　　相机○　　充电器等必需电子产品○			
牙刷○　　牙膏○　　漱口杯○　　毛巾○			
洗发水○　　沐浴液○　　防晒霜○　　手纸○			
火车便餐（禁止携带方便面）○			
保温水杯○　　　　　雨伞○			
__季套装__件○　　上衣__件○　　裤子__条○ 换洗内衣__套○　　遮阳帽__顶○　　太阳镜__个○ 凉拖鞋____双○			
必备药品晕车药、感冒药，创可贴等 "如有其他病史，请家长写好用药时间和用量"			

7.课程开发与实施的意义

（1）理论意义

丰富大运河文化教育意义的内涵。通过本课程的开发与实施，我们希望能够探索以河流作为文化载体，探讨大运河地理事物的文化价值，挖掘其中体现做中学的教育意义，例如，交通的、地域特色的、民俗的等方面的文化传承、文化创新，体会劳动人民的智慧。

（2）实践意义

探索在普通高中校本课程开发的价值，并为"双减"背景下的延时服务提供更多种教育选择和实践可能。探索形成大运河沿线的学校、区域共同参与构建"大运河教育"学校联盟，共同开发大运河文化课程，实现资源共享与交流。

探索有效的乡土地理教学资源的开发策略。厘清大运河文化、研学旅行等核心概念，对现在情况进行客观评价；在充分调研的基础上，明确大运河文化研学旅行课程的开发原则和策略，构建课程体系，开发出经典案例；总结和归纳有效的课程实施经验，为未来相关课程的开发提供一手信息。推进中学课程体系建设，探索出开发共享研学旅行课程资源的路径与方法，为各个地区的教师开发和实施相关课程提供可供参考的依据和有效的实践经验。

（3）教育意义

大运河文化研学旅行课程的开发，学生通过研学旅行感受运河沿线优美的自然风光和历史文化，加深学生对自然、社会、文化、历史的认识，培养学生良好的科学素养、人文素养和国际化视野；增强团队凝聚力，培养学生团结互助的意识，加强学生之间的沟通与交流能力；丰富校园文化生活，提高学生的生活质量；让学生在身心、情操、品德等各方面都得到长远发展，培养符合时代要求的高素质人才。目的在于让运河学子了解运河的历史文明，把握运河的现实机遇，展望运河的未来发展。通州区现在是北京市城市副中心，通州区要大力研发运河文化，让更多的人了解家乡、热爱家乡，更好地服务家乡、建设家乡。挖掘和弘扬运河文化，对推动通州副中心建设，促进通州经济发展具有重大的现实意义。

（二）"运河：非遗流脉"模块课程建设示例

"运河：非遗流脉"模块课程，以运河文化中的各种艺术表现形式为主要内容，旨在让学生了解运河发展过程中形成的各种民间艺术。

以《高中美术选择性必修二"中国书画"模块校本化实施》为例，该课程于2021年被北京市教育科学研究院课程教材发展研究中心认定为北京市普通高中特色课程。

课程负责人：肖智。

授课教师：肖智、陈伟、刘璇。

1.背景分析

（1）课程性质、育人定位

《普通高中美术课程标准（2017年版，2020年修订）》中指出"美术是运用一定的媒材及技术表现人的需求、想象、情感和思想的艺术活动。美术与社会文明、人的发展密切联系，是人类最早和最基本的活动之一。在信息技术迅速发展的今天，美术广泛而深度地融入社会，以丰富和多样的视觉形态促进交流、传播文化、发展创意、服务社会，凸显其人文性和工具性价值"。中国书画是历史悠久的中国画、书法及篆刻三种传统艺术的统称，是中华优秀传统文化的重要内容，又与诗文交融一体，成为中国书画艺术的一大特色。因此，2017年普通高中美术课程改革将原本分开的中国画、书法和篆刻整合为"中国书画"模块。

运河中学高中美术特色课程是国家级课程选择性必修模块"中国书画"的校本化，是美术学科本位的体现与辐射，是以学校为本位，由运河中学确定的高中美术特色课程，面向全体学生，促进学生"全面而有个性地发展"。同时，帮助他们适应社会生活，为其接受高等教育、职业发展做准备。为了体现普通高中课程方案提出的时代性、基础性、选择性和关联性，课程组充分发挥美术学科独特的育人功能，引导学生通过观察、感知、体验、思考、探究、创造和评价等具有美术学科特点的学习活动，形成学科核心素养。

（2）学校、学生、教师、资源等实际情况

北京市通州区运河中学，始建于1984年，前身是通县新城东里中学，1991年更名为通州区运河中学，2003年跻身于北京市示范性普通高中行列。2016年9月，运河中学开启"一校两址办学，初高中分部管理"模式。2019年7月高中部开始招收初中学生成为运河中学西校区，初中部成为东校区，至此学校分为东、西校区实行一体化管理。2021年9月，运河中学东校区成为独立法人学校。运河中学与运河中学东校区、运河中学附属小学组建运河中学教育集团，从此开启了运河中学集团化办学模式。

学校重视美育，以美术鉴赏、绘画、书法、篆刻、设计等文化艺术为载体，通过走班制教学、第二课堂和文化艺术节等形式，探索创造具有区域特征、校园特色和学生特点的美育活动形式，积极培养学生的艺术感知、创意表达、审美能力和文化理解素养。

学校现有56个教学班，学生2 269人，其中初中26个教学班，高中30个教学班。相对于中国书画模块，我校高中生主要分为三个层次：大部分为零基础，少数学生有一定书法、中国画或美术基础，极个别学生有较好的中国书画素养和兴趣。

学校美术课程创建团队现有成员5人：高级教师4人，一级教师1人；市级骨干教师1人，区级骨干教师3人；通州区"运河计划教育领域领军人才"3人；通州区兼职研修员2人；研究生2人。

我校为美术特色课程的设计、实施提供全方位的引领和支持。在软硬件方面给予高标准的硬件保障和软件供给，为课程开展搭建了广阔的舞台。

（3）学校已有的课程基础

运河中学高中美术课程创建至今历时12年，经过多轮的课程实践，逐步创建并完善了"运河中学高中国家课程校本化实施类美术课程"。相关的研究成果用于人美版普通高中美术《中国书画》教材和教参的编写。完成了校本教材《学篆刻》的编写与刊印,正式出版了个人专著《方寸留痕——高中篆刻教育教学研究与实践》,研发了《篆刻学习路线书》。多项成果发表于国家级美术核心期刊《中国中小学美术》。学校先后被授予:全国中小学中华优秀文化艺术传承学校——篆刻、北京市学生金帆书画院、民族非遗与课程融合创建工程示范基地、2021年北京市普通高中特色课程。

（4）当前课程实施中存在的主要问题、面临的挑战以及解决思路

《普通高中美术课程标准（2017年版,2020年修订）》指出,篆刻作为中华优秀文化艺术,与书法、中国画一道,共同构成了一个全新的模块——"中国书画"模块。

①存在的主要问题、面临的挑战

其一,当前课程实施中,仍然过多地从教师的角度关注教师怎样教,而很少从"学生怎么学的角度入手,来研究教师怎么教"。

其二,过分关注美术的知识性和技术性要素,容易造成美术教学为了欣赏而欣赏、为了临摹而临摹,到了进行创作的时候无从入手,不会创作,不能"像艺术家一样创作"。

其三,学习内容与学习机制仍是碎片化的、彼此割裂的,缺少整合,缺乏内化和迁移意识。因而,不容易实现外部学习活动和内部心理活动的统一,难以开展自主学习、合作学习与探究性学习,使得美术学习的所有维度与因素形成合力。

②解决思路

首先,从"学生怎么学的角度入手,来研究教师怎么教"从"如何教"转向"如何学",从"为理解而教"和"学生怎么学"的角度入手推进运河中学国家美术课程校本化课程的设计与实施。

其次,在课程组织形式方面,分为三种层次:第一层教师讲授、演示与辅导（包括面向全体学生的与面向个别学生的）,第二层有较高知识、技能与经验积累的学生面向低一层的学生进行讲授、演示和辅导,第三层师生、生生的互动式教学。

再次,为了体现运河中学教育价值追求和育人特色,回应学生美术学习需求,围绕校园文化建设和学生篆刻学习的审美诉求,以问题情境为线索,学以致用、培养核心素养为目标,建构美术欣赏、临摹与创作的新程式;建构出以

"文"化人的美育实施路径，深化"做中学"。

最后，围绕运河文化，倡导学生使用"综合型主题实践式学习方式"和"基于情境、问题导向的互动式学习"，以《中国书画》第二单元第五课《方寸之间——篆刻闲章与姓名印》为切入点，调整、拓展、补充、整合国家课程相关内容，进行跨学科及领域课程系统设计，实现传统笔墨与时代精神的融合。

2.实践过程

（1）课程创建行动路径

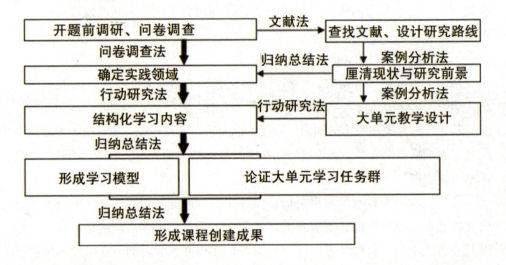

图5-11　课程创建行动路径

（2）课程创建思路

全面贯彻党和国家的教育方针及政策；严格遵循普通高中课程改革深化的基本理念和要求；落实普通高中美术课程方案和课程标准，体现运河中学教育"有温度教育"的价值追求和"一切为了学生发展"的育人特色，回应学生美术学习"全面而有个性地发展"需求。基于课题研究进行课程建设，引导学生学会学习、乐于学习，促进学生美术学科核心素养的全面提升；以点带面，以"主题型综合实践式"教学为主，围绕《方寸之间——篆刻闲章和姓名印》将国家课程中的《中国书画》模块校本化、具体化，服务于学生的终身发展，为学生生涯规划创造新思路，发挥区域辐射力和影响力。

（3）课程创建的实施步骤

本课题的研究工作始于2011年9月，通过12年4轮的研究，课程创建已初具规模。

①萌芽准备阶段（2011.9—2011.10）

2011年9月，进行了课题创建启动仪式。在确定研究内容，制订课程创建研究方案过程中，专家团队结合课程组特点，量身定制针对性的辅导。通过现场研讨、微信、电话联系等线上与线下相结合的形式，多次易稿最终顺利完成课程创建可行性论证。

②实践探索阶段（2011.11—2021.8）

A.使用文献法和问卷调查法调查、分析当前高中美术"中国书画"模块校本课程篆刻学习的现状。

为了分析普通高中中国书画校本化实施的研究现状、学生篆刻学习的起点，课程组设计了"高中篆刻校本课程开展情况及其学习方式"的调查问卷。

课程组对问卷的各项数据进行整理和统计，并进行数据分析，了解教师对"中国书画学习模型"的现有理解，高中"中国书画"校本课程实施的现状，从而调整美术特色课程创建的具体走向。

B.课堂观察，案例研究，为创建"中国书画"（篆刻）国家课程的校本化实施类课程积累素材；探索转变学生学习方式、推进深度学习的有效模型。

基于运河中学"一切为了学生发展"的办学宗旨，从课程目标、内容框架、实施安排和评价等四个角度入手，创建"中国书画"（篆刻）国家课程的校本化实施类课程。在创建国家课程校本化实施类课程的同时，课题组通过校本教研与校际教研相结合的方式开展课题培训、经验交流、带题授课、案例研究，逐步建构起运河中学高中美术"中国书画"篆刻特色课程。共计57次专题活动。（见表5-9）

表5-9　课程组开展的研究活动统计

研究内容	活动目的	活动范围	活动次数
前测及后测	了解教师对"课程创建"的理解及收获	通州区部分校际组成员	2
课程培训	使教师明确研究内容,了解研究方法	课程组成员	12
课例研讨	建构运河中学高中篆刻校本课程,开发适用于高中篆刻校本课程的学习方式转化的模型	课程组核心成员、教育集团美术教师课题导师	35
阶段小结及交流	及时小结、收集课程创建实践中的问题进行反馈交流,推进研究	课程组成员、课题导师	5
课程创建研讨会	梳理、总结课程创建中的经验,分享与展示课程实践及研究成果	课程组成员、通州区全体美术教师、课程组导师	3

通过系列活动,课程组结构化学习内容,探索大单元教学设计研究深度学习的途径、策略与方法。

③系统建构阶段(2021.9至今)

A.对研究过程进行全面整理归纳,形成高中美术学习模型,论证大单元学习任务群。

B.研究效果评估,厘清研究问题的相互关系,系统化研究经验,形成课程创建成果,实现预定的目标。

3.课程目标与主要内容

课程是学生学习的"脚手架"和"船锚",只有建构起课程,"主题"才会对学生主动选择学习方式形成牵引力与推动力。为此,课程组从学生的日常生活中发现"主题",基于国家课程"中国书画"模块课程,紧扣时代精神,将中国书画(篆刻)学习与立德树人有机结合,创建"主题式教学设计"系列。

(1)课程目标

围绕"立德树人"的根本任务,通过"以美育人",以国家课程的创新化落实为基础,结构化课程内容。多维并举、全面推进,充分满足学生全面而有个性化的发展、教师的专业化成长和学校的美育特色创建需求。

①学生发展层面

课程的创建通过研发"综合型主题实践式学习"和"基于主题、情境的互动

和谐,让教育向美而生

式学习",研发"中国化""时代化"的篆刻学习工具,将社会主义先进文化、革命文化、中华优秀传统文化等重大主题有机地融入"中国书画"校本课程。有效转变学生的学习方式,使学生成为课程学习、课题研究的主人,提高学生学习的实效性,参与的广度和深度,引导学生全面而有个性地发展。

本项课程以篆刻为切入点,体验"像艺术家一样思考、创作的过程"。旁涉书法、中国画以及跨领域美术图像,跨学科知识与技能,识别中国书画的形式特征,分析中国书画作品的风格特征和发展脉络,理解图像蕴含的信息;运用多种工具、材料和美术语言创作具有一定思想和文化内涵的美术作品及其他表达意图的视觉形象,依据形式美原理分析自然、日常生活和中国书画作品中的美,形成健康审美观念;具有创新意识,运用创造性思维进行创意,并用中国书画的方法和材料予以呈现和完成,从文化角度分析和理解美术作品,认同并弘扬中华优秀传统文化,尊重人类文化的多样性。

②教师专业发展层面

创建"中国书画"校本化实施的过程中,为教师的专业化发展搭建平台。促进教师通过理论与实践相结合的途径,进行深度学习,落实"以美育人"要求,把培养全面而有个性的新时代人才理念贯彻教学始终,成为学生美育的指导者、时代精神的传播者、区域教育的引领者。实现教学相长,实现教书和育人的统一,实现由"新任教师"到"骨干教师"再到"专家型教师"的不断提升。

③学校特色创建层面

无课程不特色。运河中学"中国书画"国家课程的校本化实施,使用全要素构建美育生态,助力学校内涵发展与办学影响力的提升,推动学校教育教学质量的提升,承办市区级现场会,推广学校美育成果。发挥"中国书画"课程美育优势,打破"千校一面"的美育样态,形成学校个性鲜明的育人特色,"多元贯通"创建学校美育的"一校一品""一校多品"。

(2)主要内容

"运河中学高中美术国家课程校本化课程"全面贯彻党和国家的教育方针及政策,严格遵循普通高中课程改革深化的基本理念和要求,基于课题研究进行课程建设。为了增强课程的适应性,在遵循高中美术国家课程方案和课程标准基础上,调整、细化课程目标以适宜运河中学"和谐发展教育"的办学理念。以人民美术出版社版本《中国书画》为蓝图,进行跨学科、跨领域课程系统设计,创建

"主题式教学设计"，落实"以美育人"。

①调查、分析当前高中生"中国书画"学习的现状

在课题研究过程中，我们通过调查问卷、课堂观察、作业评估、访谈等形式对相关学生进行了深入细致的分析。

首先是将参与此项课程的途径汇总为三种途径，一种是学校的"运河文化大讲堂"面向全体高一新生，普及中国书画（篆刻）知识；一种是社团，面向全学段；第三种是高二的"选课走班"。

由此造成学生的构成是极为复杂的：有研习中国书画（篆刻）近两年的"老手"，有中国书画（篆刻）鉴赏与实践方面初露锋芒的"新锐"，还有对中国书画（篆刻）一无所知的"小白"。"老手"期待在课程中承担更具挑战性的任务，有强烈的学习欲望，希望在课程学习与实践创作中"吃得饱"，不断地拓展自己的学习领域、突破学习中的难点、分享自己的学习成果。"新锐"希望通过向上请教教师和"学长"尽快融入第一梯队，向下传授给同学，"反刍"习得的知识、技能，彰显学习成果，优化学习程式与方法，有效地进行深度学习，实现跨越式发展。"小白"则希望得到教师、学长们更多的引领、扶持与支持，明晰学习路径，坚定学习目标，尽快走进篆刻艺术大门，既能"吃得着"，又能"吃得下去"。

纵观学生的身心发展，在义教阶段获得的中国传统美术学习经验，包括跨学科的学习经历，为线条、章法布局（分朱布白）等中国书画（篆刻）语言的学习奠定了基础。而跨年级、跨领域、选课走班的形制，在一定程度上造成了学生原有的认知基础不均衡、差异性大。

学生的分析、联想、评价、创造，特别是高阶思维已接近成熟，能在联觉体验等特定的探究实践活动中"举一反三"，但在较为复杂的学习情境下开展主题探究式学习与合作式学习还需积累经验和培养习惯，比如，行动策划、文献综述、综合评价与批判、创造表达等方面。

中国书画（篆刻）课程的综合性、实践性和程序性，以及特有的学习方式，对绝大部分学生有强烈的吸引力。同时，对学生的意志品质有着较高的要求。一方面，容易引发学生探究的欲望；另一方面，对于耐心、细致，持续、深入地完成不同的学习任务出现了分化现象。与此同时，自然环境、校园文化环境和专业教室的育人氛围，能潜移默化地浸润和熏陶学生。

中国书画（篆刻）课程校本化实施的过程中，通过对学习方式转变主体与主导因素的调查、分析，进一步认清转变学习方式在"中国书画"课程推进中的重要作用，同时，也发现了新问题，为学习方式建模、学习路径的探索提供了重要依据。

②依据课程内容划分学习样态，选用教学组织形式

"运河中学高中美术国家课程校本化课程"分为"以欣赏统整的美术学习"和"以创作统整的美术学习"两种学习样态。涉及篆刻、中国画、书法、色粉、水彩、服装再造、素描等多项美术内容。"以欣赏统整的美术学习"，采用班级形式组织教学，安排在高一的第一学年。"以创作统整的美术学习"，主要涉及美术表现内容系列中的绘画、中国书画、设计、工艺和现代媒体艺术五个学习模块。采用跨年级混班式教学，安排在高一至高三的第一学期。学校依据学习样态的不同选用适当的美育组织形式：美术特色社团活动、运河文化大讲堂、校本课程、研究性学习等丰富多样的美术学习组织形式。

③基于国家课程结构化校本课程内容，提出实施建议

运河中学国家课程的校本化实施，基于全学段学习梳理、系统呈现课程内容，采用了人民美术出版社版本《中国书画》模块的教材结构。同时，结合学情、师情和校情，对学科课程内容进行选择及顺序安排的调整设计。人美版《中国书画》统编教材，分为四个单元，以总分总的结构呈现课程内容。

我校校本课程的第一单元与统编教材一致，整合"美术鉴赏"模块的相关内容，切入篆刻艺术。

第二单元，以"模块化建模"的形式，整合统编教材中的第二单元和第三单元，具体化第二单元第五课《方寸之间——篆刻闲章与姓名印》，融合书法、中国画以及其他美术模块元素。首先，精选主题，结构化课程内容：围绕学生的日常生活而确定主题——美就在身边；围绕校园文化建设而确定主题——升华家校情怀；将重大主题融入课程——形成家国观念；围绕赛事活动而确定主题——以赛促训；围绕生涯规划和终身学习而确定主题——放眼未来。在此基础上，完成多个主题的单元教学设计：

A.《钤印青春——篆刻姓名印》献礼成人仪式；

B.《铭记运河》将"运河文化"植入课程建设；

C.《百草园——篆刻运河校园绿植名称》探索跨学科学习；

D.《我爱书本——当藏书票遇到藏书印》尝试跨校区合作式学习；

E.《冬日溢彩　岁末留痕——综合型美术实践》多人分主题协同进行。包括：冬日溢彩——借主题传承文化；岁末留痕——刻吉语祈福新春；水色生香——用水彩品味生活；淡妆浓抹——让色粉扮靓芳华；交相彩映——拿画笔叠加美好。

F.《红色印记——学刻闲章》将革命文化这一重大主题融入美术课程。

第三单元的结构和内容与统编教材第四单元"时代风骨"保持一致。（见图5-12、表5-10）

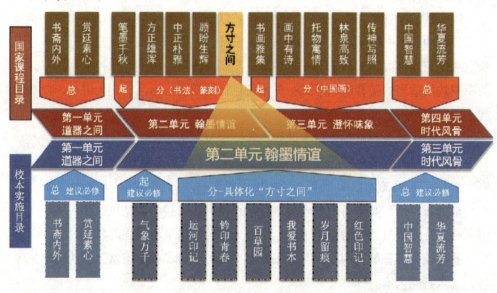

图5-12　国家统编教材与校本课程实施目录对比

和谐，让教育向美而生

表5-10　《中国书画》国家课程（人美版）与校本化实施内容对比

国家课程目录	内容	意图与作用	校本实施目录	内容	意图与作用
第一单元	道器之间——中国书画与生活空间	中国书画模块总起，引出其与社会、日常生活的关系	第一单元	道器之间——中国书画与生活空间	中国书画的宏观、整体视角入手，探究"以'文'化人"
第一课	书斋内外——中国书画的自然与人文空间		第一课	书斋内外——中国书画的自然与人文空间	"以'文'化人""利其器"
第二课	赏延素心——中国书画的样式、内容与情感表达		第二课	赏延素心——中国书画的样式、内容与情感表达	整合《美术鉴赏》模块相关内容与教学方式切入篆刻艺术
第二单元	翰墨情谊——书法的审美与应用	书法与篆刻	第二单元	翰墨情谊——篆刻的审美与应用（鉴赏—临摹—意临—改造—创编"独创、创新"）	以篆刻为媒介融合书法、东西方绘画、工艺、设计元素，使用主题型综合式学习进行鉴赏和美术表现
第一课	笔墨千秋——书法文化与创作基础知识	书法知识与学习方法概述	第一课	气象万千——篆刻文化与创作基础知识	整合《美术鉴赏》模块相关内容与教学方式；探索其鉴赏方法、表现方法
第二课	方正雄浑——隶书匾额式横幅练习与创作	分书体详学			针对印面设计提供篆书实践空间；针对边款刻制和款识的题写，结合学生原有的基础和需求，提供隶书、楷书和行书练习体验的活动。
第三课	中正朴雅——楷书对联练习与创作				
第四课	顾盼生辉——行书手札练习与创作（附草书练习体验）				

国家课程目录	内容	意图与作用	校本实施目录	内容	意图与作用
第五课	方寸之间——篆刻闲章与姓名印	篆刻	第二课	运河印记——意临闲章	引鉴经典样式与技法理解运河中学校名、校训、办学宗旨等校园文化核心
			第三课	钤印青春——篆刻姓名印	围绕成人仪式，进行文创
			第四课	百草园——篆刻运河校园绿植名称	美术与生物学科的融合
			第五课	我爱书本——当藏书票遇到藏书印	篆刻与版画的融合
			第六课	冬日溢彩 岁月留痕——综合型主题创作	围绕吉语印的临创进行文创
			第七课	印记中国——组印创作	围绕主题的高阶学习
第三单元	澄怀味象——中国画的意蕴与表现	中国画			
第一课	书画雅集——书画的交流与欣赏	中国画概述与鉴赏			
第二课	画中有诗——"闻歌始觉有人来"工笔花鸟画创作	花鸟画		融合于"翰墨情谊——篆刻的审美与应用"第一课"气象万千——篆刻文化与创作基础知识"依据创作需求加以融入。	
第三课	托物寓情——"君子品格"写意花鸟画创作			学习、文创路径：体验→鉴赏、引鉴经典→意临、改造→创编、创新（交互、循环式）。	
第四课	林泉高致——"四景山水"山水画创作	山水画			
第五课	传神写照——"锦瑟年华"人物画创作	人物画			

国家课程目录	内容	意图与作用	校本实施目录	内容	意图与作用
第四单元	时代风骨——中国书画的时代精神	书画展陈	第三单元（相对于教材第四单元）	时代风骨——中国书画的时代精神	书画展陈
第一课	中国智慧——中国画的传承与创新		第一课	中国智慧——用传统笔墨表现时代精神	
第二课	华夏流芳——我笔下的"书画精神"展览展示		第二课	华夏流芳——我笔下的"书画精神"展览展示	

　　运河中学《中国书画》国家课程校本化实施，在整合、具体化国家课程内容的基础上，通过18课时（每周1节）完成既定的教学任务。教师以篆刻为主线，依据校情、学情从第二单元第二课到第七课中选择2～3个主题，个性化地安排教学进程。（见表5-11）

表5-11　运河中学《中国书画》国家课程校本化实施建议

课程内容	课时安排	教学器材建议	学生学习要求与建议	教师教学建议
第一单元 道器之间——中国书画与生活空间	本单元共2课时	充分利用信息化教育手段	线上与线下、课上与课下并行	建议必选
第一课 书斋内外——中国书画的自然与人文空间	建议1课时	线上与线下学习任务书、中国书画的自然与人文空间学习单、小组合作工作单	宏观入手认知中国书画在自然与人文空间中的作用功能，了解其工具材料	引导学生分组协作，课后完成工具材料的准备；指导下节课学生自学成果的汇报、评述
第二课 赏延素心——中国书画的样式、内容与情感表达	建议1课时	自主学习成果展示方案、篆刻内容与情感表达学习单	课前完成分组协作完成工具材料的采购，课上展示交流、评述自学成果	师带生、引导学生老带新，使用学习工具帮助学生自主学习
第二单元 翰墨情谊——篆刻的审美与应用	本单元集齐14课时	书画工具、学习任务书、线上线下学习资源	"综合型主题实践式学习方式""基于情境、问题导向的互动式学习"	建议自选，7选3。模块式组合，依据学情从本单元选3课，合为14课时

和谐，让教育向美而生

课程内容	课时安排	教学器材建议	学生学习要求与建议	教师教学建议
第一课 气象万千——篆刻文化与创作基础知识	建议2课时	艺术作品鉴赏学习单、线上学习工具	"基于情境、问题导向的互动式学习"分组学习，课上交流自主学习成果	师带生、引导学生老带新，使用学习工具帮助学生自主学习，体验探究与解决问题的过程
第二课 运河印记——意临闲章	建议6课时	运河文化方案、精选的汉印与流派印经典范例	鉴赏与实践相结合、参照与改造相结合、传承与创新相结合，引鉴经典、化为己用	充分发挥"主题"的牵引力与推动力，引领学生"做中学"，主动探究
第三课 钤印青春——篆刻姓名印	建议8课时	祈愿牌、书画工具、姓氏名字文化内涵学习单	探究、交流姓名名字文化内涵，围绕姓名印	联系学生审美、身心发展的切身需求，创设问题情境，引导学生文创，美化生活与环境
第四课 百草园——篆刻运河校园绿植名称	建议6课时	运河中学绿植调查单、分工任务单、篆刻工具、书画工具	使用"综合型主题实践式学习方式"实现中国书画与生物学科的融合	通过发挥"主题"的"黏合力"促进学生实现跨学科学习
第五课 我爱书本——当藏书票遇到藏书印	建议6课时	藏书印、藏书票学习任务和调查分工任务单，篆刻工具、版画工具	使用"基于情境、问题导向的互动式学习"实现中国书画与版画的融合	发挥"主题"的"黏合力"促进学生实现跨领域学习
第六课 冬日溢彩 岁月留痕——综合型主题创作	建议6课时	"冬日溢彩 岁月留痕"主题活动任务单、中国书画工具、水彩工具、粉画工具、装饰画工具	使用"综合型主题实践式学习方式""基于情境、问题导向的互动式学习"合作、探究实现深度学习	以篆刻作为切入点，一以贯之，围绕课程主题，实现美术鉴赏、中国书画、水彩、粉画、装饰画和年画多个美术学习领域的融合，表达冬日祝愿，美化生活与环境

课程内容	课时安排	教学器材建议	学生学习要求与建议	教师教学建议
第七课 印记中国——组印创作	建议6课时	参与的赛事活动方案、自主学习与成果交流方案、书画篆刻工具	使用"综合型主题实践式学习方式""基于情境、问题导向的互动式学习"合作、探究实现深度学习	使用多样化的、分层的、因材施教的教学形制：教师传授、学生自学、合作探究、学生传授
第三单元（相对于教材第四单元）时代风骨——中国书画的时代精神	本单元共2课时	充分利用校园展陈资源以及信息化教育手段	线上与线下、课上与课下并行	建议必修
第一课 中国智慧——用传统笔墨表现时代精神	建议1课时	自主学习成果展示交流任务单、书画工具、互联网、演示文稿	基于自己书画学习的心得体会，围绕课程主题展示交流自主学习成果，深度探究中华优秀传统文化的传承与创新	建议重点从学习方式、经历"像艺术家一样创作"的过程、用传统笔墨表现时代精神等几个角度引导学生完成学习成果展评
第二课 华夏流芳——我笔下的"书画精神"展览展示	建议1课时	书画展陈方案、空间与物质支持、装裱好的书画作品、评价量规	基于展陈任务进行项目式学习	创设情境，辅助学生设计展陈方案，提供物质保障，通过专题展览、校园艺术节、网络作品展示等形式完成展陈及评价

④创建《中国书画》校本化实施的主题系列和专题活动

A.创建主题系列活动

课程组从成员的特点和研究专长入手，使用整体的方法，探索基于"中国书画"学习的系列主题活动。（见表5-12）

表5-12　基于"中国书画"学习的主题系列活动

切入点	研究主题
篆刻	探索转变学习方式的实施路径、手段与方法
不同学段、不同层次、不同类型的艺术实践活动	基于《守望家园山水》主题，探索山水画创作中的择印方法与原则
	从书法角度入手，探究问题情境创设的策略
	在初中"造型·表现"类艺术实践活动中，将水彩用于校园文创
	高中学段创造性地使用《绘画》模块教材，进行校园文创
	立足"综合·探索"类艺术实践活动，从"设计·应用""造型·表现""欣赏·评述"等角度入手，参与校园文化建设，尝试综合式学习
	从课堂教学、课后服务、校本课程到走出校园的维度，贯通线上与线下、课内与课外，来研究学生社团的学习方式
	用"图形笔记"调动学生多种感官共同参与，为学生的学习搭建脚手架
	从"文辞"入手，探究印文内容创作与提炼，贯彻"以文化人"
	探究篆刻创作与展陈的创新，建立信息技术与篆刻艺术学科融合的纽带
	"以史入印、以印论史"，初探篆刻与历史的学科融合

B.设置美术课程主要活动

运河中学于2018年，被北京市教育委员会授予"北京市学生金帆书画院"，课程组集合"北京市高品质社团品牌"优势力量，围绕《中国书画》模块，研讨、论证、设置了美术课程主要活动。（见表5-13）

表5-13　运河中学基于"金帆书画院"品牌推广设置的美术课程主要活动

形式	内容
展览	北京市学生金帆书画院 运河中学分院 书画展——5月
	"阶段主题"北京市学生金帆书画院 运河中学分院 书画展——10月
	根据中国传统节日举行相应的美术活动
请进来	请专家、名家、中华优秀传统文化传承人进校园与学生进行面对面交流

形式	内容
走出去	组织学生参加全国、市、区级各级工作坊展示交流，各项美术展演、赛事（篆刻、绘画、书法、工艺设计、摄影）
	课堂从课内延伸至课外：组织学生参观博物馆、美术馆、工作坊
跨界	线上与线下，美术不同实践活动、美术与其他学科、美术与自然、美术与社会生活——融合型学习

在运河中学《中国书画》模块国家课程校本实施过程中，主题系列和专题活动的研发为课程的创建、教师的专业发展、学生的课程学习提供舞台。

⑤择取评估工具、完善评价体系，促进"教、学、评"一体化

A.评价工具

运河中学课程评价所采用的是"L-ADDER课程评估工具"。以动态观为指导，充分体现了脉络评价、过程评价、结果评价理念。"L-ADDER"课程评估工具是以学习为中心的课程分级评估工具群。它包含六个评估维度：学生学习（learning）、课程管理与领导（administration）、课程设计与开发（design）、课程实施与发展（development）、课程情感与认知（emotion）、课程反思与调整（reflection）等。这六个维度的英文首个字母组合为ladder，意即阶梯、途径。（详见图5-13）

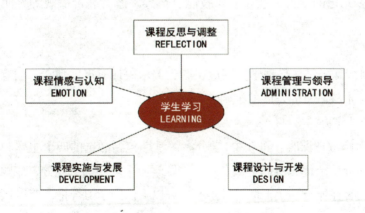

图5-13　运河中学《中国书画》国家课程校本化实施"L-ADDER"评估架构

B.评价形式

我们的评价是多元的、动态的，使教师能够关注到学生学习过程中的各项表现。包括学生自评、互评和教师评价两个维度。在此基础上，引入"多元智能理论"，关注学生多方面多层次的发展。不仅重视学生的学习表现，更重视在评价过程中充分展现人性化的理念——以学生为中心的评价观；尊重学生的个别差异，以发展的眼光看待学生，既要尊重差异，又要接纳学生所面临的危机。使学生真正获得激励、尊重和支持。在兼顾课程评价多元化与人性化的同时，我们还致力于使课程评价标准化、专业化，提升评价的说服力。

运河中学的课程评价是课程、教材、教学与评价相结合的融通体。能够使教师教学和学生学习的成效得到提高，实现融评于教，融评于学。并以此为支架，进一步优化学校课程的设置与实施，促进学生的发展，提升教师的课程执行力，促进运河中学中国书画国家课程校本实施类课程的设置、实施与评价形成良性循环，创建学校"一校一品"美育品牌。

在课程教学中，评价主要是在师生、生生之间展开，采用过程性评价与结论性评价相结合的形式。主要评价活动的设计包括：

a.对学生作业的点评，主要目的在于发现问题，寻找解决问题的途径。

b.对学生自学成果的评价，重要途径是通过师生的问题交流实现深层次的评价。

通过多元化的评价，实现学生技能、情感、态度和价值观等方面的螺旋式上升。

C.评价量规

a.分制：百分制。呈现学生图像识读、美术表现、审美判断、创意实践、文化理解等美术核心素养发展的细则。

b.学分认定办法

本课程修习18课时，可获得1学分。每学期包括必选的四个主题和自选的两个主题，学分认定优先考虑学生在六个主题学习中取得的最高分，兼顾平均分、最低分和能否在原有基础上取得进步，60分以上认定学习合格，获得1学分。

D.评价量表范式（见表5-14）

表5-14　运河中学《中国书画》国家课程校本化之教学活动评价范式

课题名称				
班级：	姓名：		模块： 中国书画	日期：
评价项目	评价内容	评价方式		评价分数
主题 （14分）	作品的内容与形式所表达的主题	自评 （7分）		
		小组评 （7分）		
风格 （16分）	整体意蕴，完整性，个性，与作者人格、气质的贴切程度，合理性	自评 （8分）		
		小组评 （8分）		
创意 （14分）	从经典中借鉴学习、发现自我，表达自己构想的有效性	自评 （7分）		
		小组评 （7分）		
技巧 （16分）	书画技巧，与所搭配作品构成元素的搭配——排版	自评 （8分）		
		小组评 （8分）		
教师评价 （40分）	教师评语： 此主题教师评定分数： 教师签名：　　　　　日期： 此主题评定总分：			

4.实践效果

运河中学自国家课程的校本化实施以来，建构起动态化、实体化的中国书画（篆刻）学习模型，研发中国化、时代化的篆刻学习工具。解决了中国书画（篆刻）与学生生活分裂的问题，提高学生中国书画（篆刻）创作方式与进程的整体性、时效性；统整自主式学习、合作式学习和探究式学习；弘扬、传承中国书画（篆刻）。

（1）促进学生全面而有个性地发展

"中国书画"的国家课程（篆刻）校本化实施类课程的设计与实施，构建"综合型主题实践式学习"和"基于主题、情境的互动式学习"，研发"中国化""时代化"的篆刻学习工具，将社会主义先进文化、革命文化、中华优秀传统文化等重大主题有机地融入高中美术课程，有效转变了学生的学习方式，有利于结合时代需求、诗词意境、校园文化建设以及自己的审美意愿，发现、提出和分析问题，自由地进行中国书画的创作。学生也成为课题研究的主人，大大提高了校本课程学生学习的实效性，参与的广度和深度。学生在市区级乃至国家级各类美术比赛中，获奖人数和级别不断攀升，更有多幅学生作品发表于国家级刊物《中国中小学美术》。由此可见，利用国家课程的校本化实施、学习模型和学习工具的创建与开发，可以促进学生艺术核心素养的螺旋式上升。

（2）助力教师的专业化成长

课程创建的过程中，教师们透过课堂观察，发现教学问题；通过系统搜集、分析资料而探究出可行而有效的解决方案，进而改进实施策略与理念，转变了学生的学习方式，促进了教师的专业化发展。多名课程创建组成员为通州区中学美术专兼职教研员，成立了"运河计划领军人才"工作室，当选为通州区美术中心组成员，通州区中学美术课改组组员、组长，充分发挥骨干教师和专兼职教研员的辐射引领作用，带领工作室、团队成员致力于学生学习方式的转变和篆刻艺术的传承与弘扬。

课题组成员撰写的论文、案例、教学设计参加各级比赛，共有9篇获得一、二等奖；2篇在国家级核心刊物上发表；两人完成了个人专著的编写与出版。1位教师通过"国培计划"进行了视频课分享。3位教师进行市级同课异构，市、区级经验分享与主题发言20余次，7人通过通州区教育云平台，3人通过创先泰克、微信公众号等渠道实施云端教学、分享微课，将研究成果进行推广。

（3）助力学校美育的特色创建

正如我校所秉承"一切为了学生发展"的办学宗旨，满足了学生的审美诉求和教师的专业发展，同时也促进学校美育的"一校多品"不断发展，形成了"和谐发展教育"办学特色。

2018年1月，运河中学被教育部评为"全国中小学中华优秀文化艺术传承学校"，2019年3月，被中国传统文化促进会、华夏文化遗产保护中心授予"民族非遗与课程融合创建工程示范基地"，2018年5月、2021年4月被北京市教育委员会评为"北京市学生金帆书画院"，2019年12月，被北京市通州区教育委员会评为"北京市通州区韵之灵学生艺术团书画团"。2020年4月，学校汇学轩篆刻社团，被评为2019年度通州区教育系统五星级学生社团，2022年1月，被评为"第四届京津冀中小学活力社团"。2021年12月，被评为教育部、国家语委主办的第三届中华经典诵写讲大赛"印记中国"师生篆刻大赛优秀组织单位；通州区第二十四届学生艺术节展演活动优秀组织奖。

课程方面的案例、经验被人民美术出版社采用，应用于普通高中美术《中国书画》教材、教参编写和示范课录制。研究成果"薪火相传——研发高中篆刻校本教材的行动研究"，被北京市通州区人民政府评为第四届通州区优秀教育教学成果一等奖。肖智、陈伟、刘璇设计的《高中美术选择性必修二"中国书画"模块校本化实施》被北京教育科学研究院课程教材发展研究中心认定为2021年北京市普通高中特色课程。

5.成果特色与创新

（1）归纳、提炼课程实施路径，研发中国式篆刻学习工具

①采用跨年级混班授课制，差异化教学

参与本项课程的学生来自不同的年级、行政班和学习领域，原有的学习基础也参差不齐。为此，我们将课程中所涉及的知识与技能分为三种水平，采取差异化教学。对于"基础内容"辅以"导学案"引导学生自主式学习；对于"重点内容"发挥主题在学生学习中的牵引力和推动力，通过情境、问题，引导学生互动探究，搭建由已知通往未知的"桥梁"；对于学生未曾触及的"专业内容"则通过教师或学长的传授、演示加以诠释，引导学生以"接受式学习"为主，习得间接经验。

②以"小先生制"促进学生自主修习与讲习

因为参与本项课程的学生，既有研习篆刻近两年的老手，又有初现锋芒的新锐，还有完全没有接触过篆刻的观望者——小白。所以，我们提出"小先生制"：由"老手"教授、辅导"新锐"与"小白"；由"新锐"教授、辅导"小白"；由"小白"展示、交流自主学习的成果。

③"自助式"课程内容的选择与进程安排

本课程为选择性必修，分为三个单元，18课时，即每周1节。课程实施以篆

刻为主线,将统编教材第二单元第五课"方寸之间——篆刻闲章与姓名印""模块化建模"为6个主题,供教师依据校情、学情自主选择2~3个主题,个性化地安排教学进程。

(2)自主研发"综合型主题实践式学习"

学校发挥"主题"在美术学习中的牵引力和推动力,将美术本体与社会、自然与个人,紧密地联系在一起,开发了"综合型主题实践式学习"。依据《中国书画》模块自身特点,以篆刻艺术为主轴,统整书法、中国画和篆刻三个艺术门类,领悟中国书画的造型规律和特点。其纵向结构采用的是过程的结构,顶端是大观念,中间是基本问题和与之息息相关的情境,其下是小问题和与之一一对应的分主题,再下面是具体的教学。自上而下的演绎与自下而上的归纳,构成了思维的交互与协同(图5-14)。

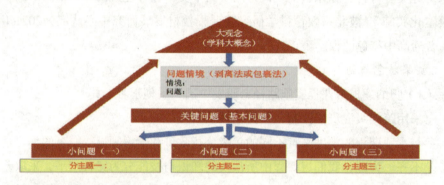

图5-14 "综合型主题实践式"学习的纵向结构

传统的课程是一种散点式的,从一个内容移向另外一个内容,缺乏统整性和组织性。"综合型主题实践式"的横向结构是以单元课的形式进行组织的,单课时教学 就如一座座山峰,而"主题"就像一根"丝线"将单课时内容串联为山脉(图5-15)。

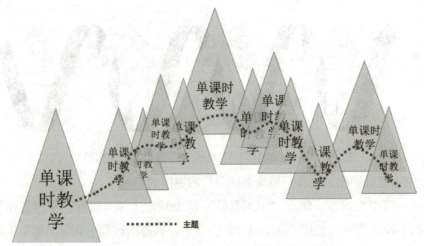

图5-15　"综合型主题实践式"学习的横向结构

（3）推进"基于情境、问题导向的互动式"学习

"基于情境、问题导向的互动式"学习方式所要追求的是教师与学生、学生与学生、图像识读与美术表现深层次的互动。其教学的基本程式可以理解为：以"文"化人。"基于情境、问题导向的互动式"学习方式与DNA的分子结构具有相同的样式，由两条反向平行的长链，盘绕成双螺旋结构（图5-16）。

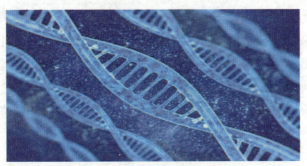

图5-16　DNA的双螺旋结构立体示意图

一根是鉴赏指向于美术学科核心素养中的图像识读，另一根是创作指向于美术表现。两根链条之间通过类似于氢键的媒介（眼与手、内与外或物与我，或主与客，或直接经验与间接经验）联结起来，且呈现互补关系循环发展（图5-17）。

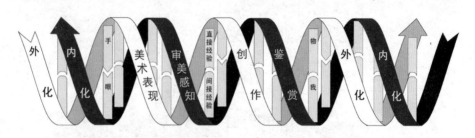

图5-17　基于问题导向的互动式学习与DNA基本结构相似

（4）建构"中国书画"模块双线并行的中国式学习

对于高中生而言，学习"中国书画"模块时，连接"欣赏"与"创作"最直接的手段是临摹。尤其"意临与背临"，是在临摹的过程中逐渐增加学生自己的生活经验与个人理解——临摹中有创作，创作中有学习借鉴，从而建构起"欣赏"与"创作"双线并行的学习样态。

所谓"欣赏"是对艺术作品的"二度创作"，调动学生多种感官共同参与，不仅眼看、口读，还要手画（临摹），内化与外化协同进行。在欣赏的过程中加入自己的生活经验与个人理解，将习得的图像识读的成果向同学、老师进行展示交流，将图像识读所得的知识与技能应用于美术表现。

所谓"创作"是通过"综合型主题实践式学习"和"基于情境、问题导向的互动式学习"站在"先贤的肩膀上"，通过"意临"将欣赏与创作、先贤与自己连接起来。借助"主题"的牵引力与推动力，联系自己的生活经验与个人理解，"引鉴经典"将美术欣赏"内化"的知识与技能有效应用于自己的美术表现，"外化"自己的情感、态度、志向和价值观，体验"像艺术家一样创作"的过程（图5-18）。

图5-18　建构起中国书画模块"欣赏、临摹、创作"的新模型

①以欣赏统整的中国书画学习

此种教学范式是使用"整体的方法"创建的，包括课前、课堂和课后三个阶段。课前与课后都涉及学生的自学与教师、同学的"辅导"，从而将彼此独立的单课时教学内容串联为一个整体。课堂分为展示与交流、问题探究、拓展小结三个环节。首先，通过课前学案导入本课，引导学生展示、评述自主学习成果并为展示同学打分，提出建设性意见，临摹经典范例表达自己的感受和观点；其次，依据学情动态发现、总结关键问题进行问题探究；最后，依据学情动态补充必要的"专业经验"，检测学习效果，评述总结师生教学活动，预置下节课学习方案（见图5-19）。

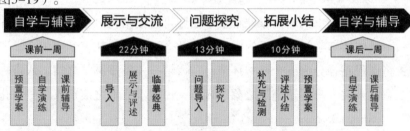

图5-19　以欣赏统整的中国书画学习范式

②以创作统整的中国书画学习

以创作统整的中国书画学习同样涉及课前、课堂和课后三个阶段。课前与课后通过线上与线下相结合的方式完成预置学案，对于即时生成的问题通过向教师、有经验的同学请教加以解决；课堂分为"做中学""拓展小结"两个环节。首先，通过情境、问题的引导，调控学生"试错体验"；其次，教师依据学生"试错"归类汇总展现出的关键问题，引导学生引鉴学习先贤经典、教师演示和同学案例，在课堂实践体验中解决问题；最后，师生展评小结，预置、关注学案。从而体验"像艺术家一样创作"的过程（图5-20）。

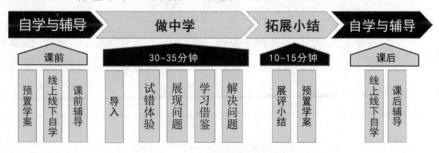

图5-20　以创作统整的中国书画学习范式

"以欣赏统整的美术学习"系列和"以创作统整的美术学习"系列，主要表现为：美术特色社团活动、运河文化大讲堂、校本课程、研究性学习等丰富多样的美术学习形式，有篆刻、中国画、书法、色粉、水彩、服装再造、素描等多项内容供学生选择。

"以欣赏统整的美术学习"系列，采用班级形式组织教学，安排在高一的第一学年。"以创作统整的美术学习"系列，主要涉及美术表现内容系列中的绘画、中国书画、设计、工艺和现代媒体艺术五个学习模块。采用跨年级混班式教学，安排在高一至高三的第一学期。

（5）"以文化人"的课程实施路径

运河中学《中国书画》国家课程校本实施可以概括为以"文"化人，课程实施的每一个具体环节都是"学生的学"。为此，运河中学从"学生怎么学"的角度入手，将课程路径分为五个基本环节："入情——发乎胸中之情、入理——合乎文中之意、入文——得于笔下之象、入石——成于石上之痕、入化——化于寄情之物"（图5-21）。

入情	入理	入文	入石	入化
发乎胸中之情	合乎文中之意	得于笔下之象	成于石上之痕	化于寄情之物

图5-21 从以"文"化人的角度入手

（6）课程展望

学校课程创建团队将在现有研究的基础上，进一步探讨课程评价，从评价指标的设计到教学评一体化，更好地监测、把控学生的学习路径和课程教学的质量，有效落实教学评一体化。从不同内容、不同难度、不同主题入手，继续挖掘"综合型主题实践式学习模型"和"基于情境、问题导向的互动式学习模型"，进一步细化转变学生学习中国书画（篆刻）的学习方式和策略。同时，探索基于项目的学习和基于案例的学习。从"中国书画"学习方式的转变出发，把当前研究推广到整个美术课、推广到艺术课学习方式的变革当中去，实现"转变学习方式"整体的推进作用。

结　语

　　学校课程建设是一项重要的工作，特色课程的建设是学校课程建设的重要组成部分。在运河文化特色课程群建设过程中，需要不断努力，通过深入挖掘运河文化的内涵和价值，设计多元化的特色课程，加强课程管理和实践教学，提高师资队伍的教学水平，建立科学的课程评价和反馈机制，不断优化和改进课程设置和教学内容，以提高学校课程建设水平，满足学生发展的需求，提高学生的核心素养和创新能力，促进学校的文化传承和发展。

　　运河中学有着广阔的未来发展前景，全体运河人将秉承"和谐发展教育"的办学理念，坚持"一切为了学生发展"的办学宗旨，持之以恒，以"办人民满意的学校"为办学目标，以"让每个学生都精彩"为教育愿景，培养"四有"运河学子，促进学生的全面发展。同时，守正笃实，久久为功，不断提高学校的整体竞争力和社会影响力，为学校的发展注入新的动力和活力，为北京城市副中心的发展做出贡献。